Collection Thévenet +

Maths

CE1
CYCLE 2

PROGRAMMES 2008

Sous la direction de
Serge Thévenet
IGEN honoraire

Antoine Marcangeli
Inspecteur de l'Éducation nationale

Gérard Trève
Inspecteur d'Académie

Maggy Trève
Conseillère pédagogique honoraire

Alain Yaïche
Inspecteur d'Académie adjoint

éco responsable
Bordas

Organisation du fichier

Sur la base de **34 semaines de classe** pour 5 périodes, nous proposons le découpage suivant:
- la première de ces 34 semaines est consacrée à l'évaluation des acquis du CP;
- les 32 autres à l'acquisition des compétences du programme, à raison d'environ 4 fiches par semaine;
- la dernière à assurer une meilleur liaison CE1/CE2 avec les fiches «En route pour le CE2».

Toutes les 2 semaines environ, une fiche **bilan-révisions** propose des exercices d'évaluation portant sur les notions acquises pendant la période considérée; ces exercices visent à évaluer l'acquisition de compétences clairement indiquées, notamment à destination des élèves.

Dans le livre du maître sont proposées des doubles pages de bilan pour chaque fin de période.

Une mascotte et une couleur dominante caractérisent le **domaine mathématique** de chaque fiche:

Chaque fiche démarre par un moment de **«Calcul mental / Connaissance des nombres»** qui propose des activités qui vont de la simple connaissance de la comptine numérique à des exercices de classement ou à des activités de calcul mental (seule une consigne figure dans le fichier, la progression détaillée de ces exercices est indiquée dans le livre du maître). Ces jeux visent à développer la mémoire des élèves, leur faire retenir quelques relations arithmétiques simples, les amener à imaginer des stratégies personnelles... Ils constituent une «mise en jambes» pour la séquence qui suit.

Les fiches sont organisées autour de **2 rubriques**:

Je cherche destinée à l'approche d'une notion nouvelle ou le renforcement d'une notion déjà abordée.

Je m'entraine qui propose des activités d'entraînement plus systématiques et de complexité croissante.

Édition: Julie Collignon
Coordination artistique: Pierre Taillemite
Illustrations: Sophie Rohrbach
Schémas techniques: Blaise Fontanieu

Avec la collaboration de Jaël Vieira
Mise en page et schémas: Gex Mougin
Relecture: Véronique Dussidour
Fabrication: Josiane Nicole

© BORDAS/SEJER, 2009 – ISBN 978-2-04-732462-2

Préface

Ce fichier, destiné aux élèves du Cours Élémentaire première année, est **conforme aux programmes de juin 2008**. Il s'appuie sur les mêmes principes que les éditions antérieures de la collection Thévenet: une place centrale et régulière accordée à l'**évaluation des connaissances** acquises par les élèves, un accent mis sur les activités de **résolution de problèmes**, un travail systématique sur la **connaissance des nombres**, notamment à travers des activités quotidiennes de jeux avec les nombres.

Dans cette nouvelle édition, nous avons choisi de privilégier les principes suivants:

- **Une prise en compte des acquis des niveaux précédents**
  Le fichier accorde une place importante à l'évaluation des compétences acquises par les élèves à leur entrée au CE1. C'est ainsi que le début d'année est consacré à une analyse détaillée de ces compétences pour chaque élève afin que les maîtres puissent ensuite adapter l'utilisation du fichier à la diversité des situations individuelles.

- **Une progression plus en phase avec les contraintes du calendrier scolaire**
  Nous avons choisi une **répartition** qui correspond aux **semaines de l'année scolaire** de façon à tenir compte des différences de calendrier que l'on peut trouver suivant les années et les académies. Nous proposons quatre fiches par semaine, qui correspondent aux quatre séquences de mathématiques hebdomadaires au CE1. Nous pensons qu'il sera ainsi plus facile pour les enseignants de mesurer le degré d'atteinte des compétences à acquérir. Ce découpage est destiné à mieux répondre aux contraintes d'organisation que rencontrent les enseignants; il ne doit pas toutefois être perçu comme une contrainte et **les maîtres restent totalement libres**, dans l'utilisation de ce fichier, **d'adopter le rythme et le découpage qui leur conviennent le mieux**.

- **Une place centrale réservée aux activités de calcul mental et réfléchi**
  Chaque fiche comporte une rubrique spécifique de calcul mental ou réfléchi par laquelle les élèves débutent la séquence de mathématiques.

- **Une progression plus lente et plus systématique**
  Les premières phases des apprentissages sont déterminantes et vont conditionner, notamment dans le domaine du numérique, la suite des apprentissages. C'est pourquoi nous avons choisi **une progression lente qui permette d'asseoir les apprentissages et d'éviter des acquisitions trop superficielles**. Toutefois, pour tenir compte des différences dans les vitesses d'acquisition, des activités de difficultés variées sont proposées aux élèves afin de permettre aux maîtres des différenciations pédagogiques. En complément, le livre du maître propose à la fois des exercices d'approfondissement et de remédiation destinés à des reprises d'apprentissages.

Nous souhaitons que ce fichier puisse apporter une aide importante aux maîtres dans leurs tâches quotidiennes.

Les auteurs

Sommaire

Domaine mathématique de chaque fiche
- Numération et calcul
- Espace et géométrie
- Grandeurs et mesures
- Organisation et gestion de données
- Atelier problèmes
- Bilan-Révisions

PÉRIODE 4

PÉRIODE 5

Progression par domaine

NUMÉRATION ET CALCUL

ESPACE ET GÉOMÉTRIE

GRANDEURS ET MESURES

ORGANISATION ET GESTION DE DONNÉES

ATELIER PROBLÈMES

BILAN-RÉVISIONS

BIENVENUE AU CE1

EN ROUTE POUR LE CE2

Progression du calcul mental

PÉRIODE 1

5 Ajouter, retrancher un petit nombre.
6 Écrire des nombres en lettres.
7 Sommes de 2 nombres.
8 Compter de 2 en 2 (ordre croissant).
9 Compter de 2 en 2 (ordre décroissant).
10 Décompositions additives de 5 et de 6.
11 Décompositions additives de 7.
13 Décompositions additives jusqu'à 7.
14 Décompositions additives de 8.
15 Décompositions additives de 9.
16 Décompositions additives (jusqu'à 9).
17 Compléter à 10.
18 Décompositions additives de 10.
19 Décompositions soustractives.
21 Sommes de 3 nombres.
22 Décompositions additives de 11.
23 Décompositions additives de 12.
24 Décompositions additives de 13.
25 Décompositions soustractives.
26 Écrire des nombres en lettres.
27 Décompositions additives de 14.

PÉRIODE 2

29 Écrire des nombres avec des dizaines et des unités.
30 Décomposer des nombres avec des dizaines.
31 Décompositions additives de 15.
32 Trouver le plus petit de 2 nombres.
33 Écrire des nombres sous la forme dizaines + unités.
34 Ajouter 10.
35 Ajouter 11, ajouter 12.
37 Échanger 10 contre 1.
38 Chercher le complément d'un nombre.
39 Complément à la dizaine supérieure.
40 Ajouter des dizaines entières.
41 Échanger 10 contre 1.
42 Décompositions additives de 15 à 18.
43 Reconnaître des décompositions additives.
45 Calculer en ligne des additions (sans retenue).
46 Compter en franchissant des dizaines.
47 Trouver le plus grand / le plus petit nombre.
48 Compter de 5 en 5 (ordre croissant).
49 Insérer un nombre entre 2 dizaines consécutives.
50 Ajouter un nombre en décomposant d et u.
51 Décompositions soustractives.

PÉRIODE 3

53 Ajouter un nombre en le décomposant.
54 Encadrer un nombre.
55 Écrire un nombre avec des dizaines.
56 Sommes de 2 nombres.
57 Retrancher 10.
58 Retrancher 11 et 12.
59 Trouver le nombre précédent.
61 Écrire en lettres des nombres.
62 Trouver le nombre précédent / suivant.
63 Sommes de 2 nombres.
64 Compléter à 100.
65 Trouver le nombre suivant / précédent.
66 Ajouter 10, retrancher 10.
67 Trouver le nombre manquant dans une suite.
69 Insérer un nombre entre 2 multiples de 10.
70 Sommes de 2 nombres (avec retenue).
71 Trouver le nombre suivant / précédent.
72 Situer un nombre par rapport au multiple de 10 le plus proche.
73 Trouver le double.
74 Ajouter 10, retrancher 10.
75 Trouver le nombre manquant dans une suite.

PÉRIODE 4

77 Ajouter 20.
78 Ajouter 22, en ajoutant 20 puis 2.
79 Compter de 10 en 10.
80 Trouver le double.
81 Écrire des nombres avec des centaines, dizaines, unités.
82 Écrire les nombres sous la forme c + d + u.
83 Insérer un nombre entre deux multiples de 10.
85 Encadrer un nombre.
86 Calculer des additions réitérées.
87 Trouver des multiples de 100.
88 Trouver la moitié.
89 Écrire des nombres à 3 chiffres sous la forme c + u.
90 Trouver le plus petit / le plus grand nombre.
91 Écrire des nombres à 3 chiffres en lettres.
93 Connaître la table de 2.
94 Trouver les résultats de produits par 2.
95 Compter de 1 en 1.
96 Connaître la table de 5.
97 Trouver les résultats de produits par 5.
98 Connaître les multiples de 2.
99 Ranger des grands nombres.
101 Trouver les multiples de 5.
102 Connaître la table de 4.
103 Trouver les résultats de produits par 4.
104 Connaître la table de 3 (1re moitié).
105 Compter dans l'ordre décroissant.
106 Connaître la table de 3 (2e moitié).
107 Connaître la table de 3 en entier.

PÉRIODE 5

109 Connaître les multiples de 4.
110 Connaître les multiples de 3.
111 Multiplication en ligne (sans retenue).
112 Multiplication en ligne (avec retenue).
113 Décompositions soustractives (j usqu'à 9).
114 Décompositions soustractives (nombres de 10 à 13).
115 Décompositions soustractives (nombres de 10 à 18).
117 Écrire des nombres à 3 chiffres en lettres.
118 Compter de 10 en 10.
119 Trouver des quotients.
120 Trouver un quotient et un reste.
121 Décomposer des nombres sous forme multiplicative.
122 Partager les nombres jusqu'à 20 en 2.
123 Moitié de multiples de 10.
125 Moitié de multiples de 100.
126 Moitié d'un nombre de 3 chiffres.
127 Partager des nombres en 5.
128 Calculer des valeurs approchées.
129 Écrire en chiffres /en décomposition additive.
130 Écrire en chiffres /en décomposition multiplicative.
131 Comparer des nombres écrits sous différentes formes.
133 Calculer des doubles.
134 Trouver la moitié.
135 Diviser par 2.
136 Moitié de multiples de 10.

1 Bienvenue au CE1

Exercices 1 à 5 : exercices écrits individuels, réalisés par l'élève.
Exercices 6 et 7 : exercices oraux individuels, sous la direction du maître.

Exercices en autonomie

1 **Complète** les suites de nombres, comme dans l'exemple.

27	28	29

......	54	......

......	79	......

......	68	......	......

......	......	41	......

2 **Indique** le **double** de chaque nombre, comme dans l'exemple.

1 → 2	3 → ....
2 →	6 → ....
5 →	9 → ....

3 **Indique** la **moitié** de chaque nombre, comme dans l'exemple.

2 → 1	18 → ....
6 →	16 → ....
10 →	12 → ....

4 **Complète** avec > (plus grand que) ou < (plus petit que).

1 3	25 32
9 6	47 68

5 **Complète** avec = ou ≠.

7 .... 4 + 3	29 .... 29 + 0
15 .... 8 + 8	39 + 1 47

Exercices avec le maître

6 **Nommer les nombres entiers naturels inférieurs à 100.**

Faire compter oralement à partir d'un nombre donné par le maître et **noter** le dernier nombre correct énoncé par l'élève : ......

7 **Savoir écrire les nombres entiers naturels inférieurs à 100.**

Proposer un intervalle à l'élève : « Choisis un nombre entre .... et .... ».

Noter le nombre choisi par l'élève : ......

Lui **faire écrire** ce nombre en lettres : ....

Lui **faire décomposer** ce nombre : ...... = ... + ...

...... = ... + ... + ...

Lui **faire écrire** ce nombre sous la forme : ...... = ... d .... u

2 Bienvenue au CE1

Exercices 1 à 4 : exercices écrits individuels, réalisés par l'élève.
Exercices 5 à 7 : exercices oraux individuels, sous la direction du maître.

Exercices en autonomie

1 **Calcule** les sommes en ligne.

4 + 5 = ...   3 + 2 + 4 = ...   9 + 1 + 8 = ...

13 + 7 + 8 = ...   23 + 36 = ...   19 + 11 + 8 = ...

2 **Calcule** les différences en ligne.

9 − 5 = ...   17 − 6 = ...

39 − 15 = ...   47 − 26 = ...

3 **Complète** les additions à trou.

4 + ☐ = 9   ☐ + 12 = 20

18 + ☐ = 30   ☐ + 25 = 55

4 **Calcule** en colonnes. Attention au signe de l'opération !

2 7	1 4	2 5	4 3	5 6
+ 3 2	+ 2 3	+ 2 7	+ 3 8	− 3 2
= . .	= . .	= . .	= . .	= . .

Exercices avec le maître

5 **Calculer mentalement des sommes.**

Faire calculer mentalement des sommes et **noter** la somme la plus difficile effectuée par l'élève : ....

6 **Calculer mentalement des différences.**

Faire calculer mentalement des différences et **noter** la différence la plus difficile effectuée par l'élève : ....

7 **Connaître la table de multiplication par 2.**

Faire énoncer la table et **noter** la dernière réponse de l'élève : ....

3 Bienvenue au CE1

Exercices 1 à 3 : exercices écrits individuels, réalisés par l'élève.
Exercices 4 et 5 : exercices oraux individuels, sous la direction du maître.

Exercices en autonomie

1 M. Lopez va au marché. Il a 17 €. À son retour, il ne lui reste rien.
Qu'a-t-il pu acheter ?

Complète :

Il a pu acheter • ....
• ....

ou

Il a pu acheter • ....
• ....
• ....

2 À l'aide de la **règle graduée**, **trace** les segments en reliant les points de la même couleur et **mesure**-les.

A • C • D • E • F • B •

Complète : AB = ... cm CD = ... cm EF = ... cm

.... est le segment le plus long. .... est le segment le plus court.

3 **Écris** l'heure sous chaque étiquette.

Début de la classe le matin	Début de la classe l'après-midi	Fin de la classe le matin	Fin de la récréation du matin
....	....	....	....

Exercices avec le maître

4 **Comparer des objets selon leur masse.**

Faire énoncer le raisonnement par l'élève.

Papa et Zoé préparent un gâteau.
Ils pèsent la farine et le sucre.

Faire entourer le paquet le plus léger :

5 **Lire l'heure.**

a. **Demander** à l'élève de placer les aiguilles sur l'horloge cartonnée et d'énoncer l'heure.

b. Le maître énonce un horaire et l'enfant place les aiguilles.

4 Bienvenue au CE1

Exercices 1 à 3 : exercices écrits individuels, réalisés par l'élève.
Exercice 4 : exercice oral individuel, sous la direction du maître.

Exercices en autonomie

1 **Observe** le dessin et **complète** les phrases avec les mots suivants :
sous, devant, au-dessus, sur.

Zoé mange une barbe à papa . . . . le manège. Mehdi est installé . . . . le cheval. Un ballon jaune est accroché . . . . du carrosse. Sally ramasse ses lunettes tombées . . . . le cheval.

2 **Reproduis** chaque figure en utilisant la règle.

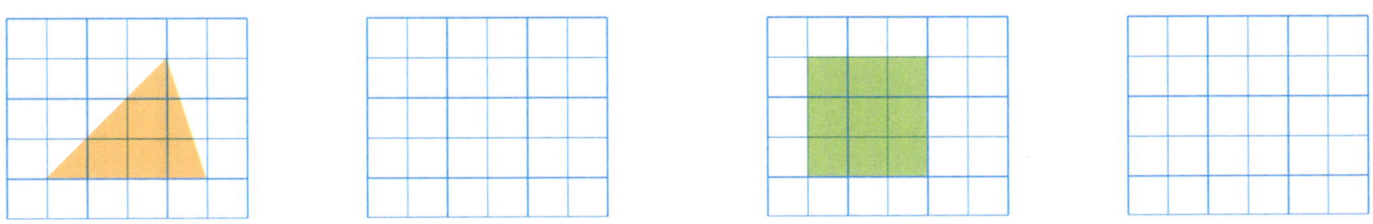

3 **Colorie** les **cubes** en **bleu** et les **pavés droits** en **vert**.

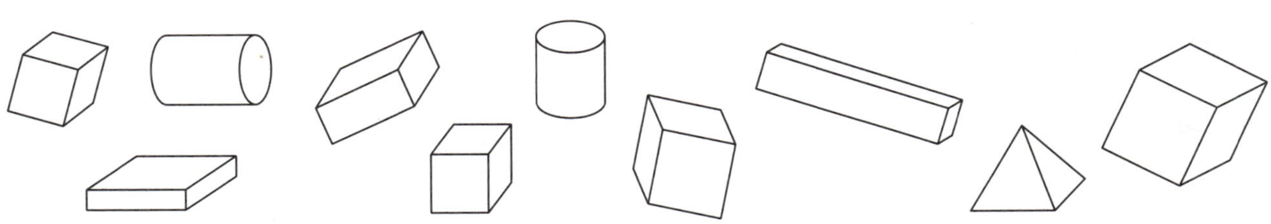

Exercices avec le maître

4 **Utiliser le vocabulaire permettant de définir des positions.**

a. **Appeler** 3 élèves. Ils sont alignés devant le tableau.
Faire indiquer « la gauche de », « la droite de ».

b. **Faire compléter** par l'élève par *vrai* ou par *faux* :

Thomas est à gauche de Luc : . . . .

Luc est à droite d'Éva : . . . .

Éva est à droite de Luc : . . . .

5 Les nombres de 0 à 10

Calcul mental : Ajouter 1, retrancher 1, ajouter 2, retrancher 2 à un nombre compris entre 0 et 20.

Je cherche

1 **Compte** les points obtenus par les enfants.

- **Qui** a gagné ? ....
- **Écris** les nombres en chiffres, du plus **petit** au plus **grand**.

Je m'entraîne

2 **Écris** en chiffres.

huit	
sept	
six	
trois	
zéro	

3 **Écris** en lettres.

1	
4	
5	
3	
2	

4 **Dessine** ce qui manque ou **barre** ce qui est en trop.

9 3 10 6

5 **Colorie** de la même couleur les étiquettes d'un même nombre.

cinq — 6 + 1 — cinq + cinq — 5 + 5 — 7 + 0

3 + 2 — sept — 8 − 1 — 7 + 3 — 5 − 1

2 + 2 — dix — 3 + 3 + 1 — 10

6 Se repérer dans l'espace

Connaissance des nombres : Écrire des nombres de 0 à 10 en lettres.

Je m'entraîne

1 Observe le dessin.

Mets une croix devant les bonnes réponses :

La trousse est **en dessous** des livres.	☐ vrai	☐ faux
Le globe est **en bas**, **à droite** des crayons.	☐ vrai	☐ faux
Les petites voitures sont **à gauche** des livres.	☐ vrai	☐ faux
Les crayons sont **à droite** du globe et **à gauche** de la trousse.	☐ vrai	☐ faux

2 Trace le chemin pour passer **sous** la haie, **sur** la poutre, **dans** le cerceau, **au-dessus** des tapis, **entre** les piquets et **derrière** les plots.

3 Colorie :

- en **bleu** les enfants qui écrivent de la main **gauche**.
- en **marron** les enfants qui écrivent de la main **droite**.

7 Écritures additives et soustractives

Calcul mental : Calculer des sommes de deux nombres à un chiffre.

☐ ☐ ☐ ☐ ☐

Je cherche

1 Voici le sac de bonbons de Paola.

Complète :

Paola a .... bonbons.

6 + 3 = ☐

Elle donne 4 bonbons. **Combien** lui reste-t-il de bonbons ?

Complète : Il lui reste .... bonbons. ☐ – 4 = ...

Je m'entraîne

2 **Complète.**

6 + 2 = ... ☐ .... = ...   9 – 3 = ... ☐ .... = ...

3 **Dessine** ce qui manque, puis **complète**.

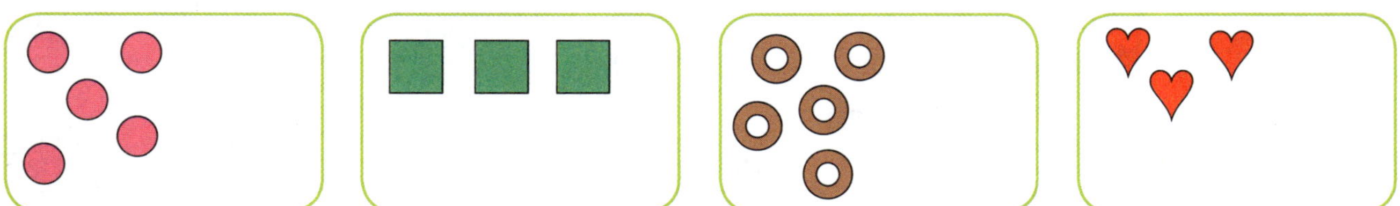

8   5   10   9

5 + ... = 8   3 + ... = 5   .... + 5 = 10   .... ☐ .... = 9

4 **Calcule.**

5 + 3 = ...   4 + 4 = ...   7 – 4 = ...

6 + 2 = ...   6 – 2 = ...   8 + 2 = ...

7 + 2 = ...   8 – 2 = ...   10 – 5 = ...

5 **Complète** avec le chiffre qui convient.

6 + ☐ = 8   5 + ☐ = 10   6 + 1 + ☐ = 9

8 Les mois de l'année

Connaissance des nombres : Compter de 2 en 2, de 0 à 20, dans l'ordre croissant.

Je m'entraîne

1 Voici les mois de l'année.

novembre	février	septembre	avril	décembre	juin
juillet	août	mars	janvier	mai	octobre

Recopie les mois de l'année dans l'ordre.

1 : .... 5 : .... 9 : ....
2 : .... 6 : .... 10 : ....
3 : .... 7 : .... 11 : ....
4 : .... 8 : .... 12 : ....

2 **Réponds** aux devinettes.

- Je suis le mois de la rentrée des classes : ....
- Je suis le mois qui n'a que 28 ou 29 jours : ....
- Je suis le mois qui s'écrit avec 3 lettres : ....

3 a. **Complète** le calendrier avec le nom des mois dans l'ordre.

b. **Écris** le nombre de jours de chaque mois.

Septembre	....	....	Décembre	....	....
30 jours	....	....	31 jours	....	....
....	....	....	....	Juillet	....
....	....	....	....	....	....

c. **Place** dans les bonnes cases :

la fête des Mères	le début du printemps	Noël	les vacances d'été (2 mois)	la rentrée des classes	ton anniversaire

9 Décomposer les nombres jusqu'à 6

Connaissance des nombres : Compter de 2 en 2, de 0 à 20, dans l'ordre décroissant.

Je cherche

1 Zoé et Mehdi ont 4 pommes. Ils cherchent toutes les façons de se les partager.
Complète le tableau, comme dans l'exemple.

Part de Zoé	Part de Mehdi	
		4 + **0** = 4
		3 + ... = 4
		2 + ... = 4
		1 + ... = 4
		0 + ... = 4

2 **Complète** le tableau pour trouver les façons de se partager 5 pommes.

		5 + **0** = 5
		4 + **1** = 5
		3 + ... = 5
		2 + ... = 5
		1 + ... = 5
		0 + ... = 5

Je m'entraîne

3 **Complète** pour partager 6 en 2, de toutes les façons possibles.

		6 + **0**
		5 + **1**
		4 + ...
		3 + ...
		2 + ...
		1 + ...
		0 + ...

4 Pour chaque nombre, **trouve** 3 écritures différentes.
Tu peux t'aider des tableaux.

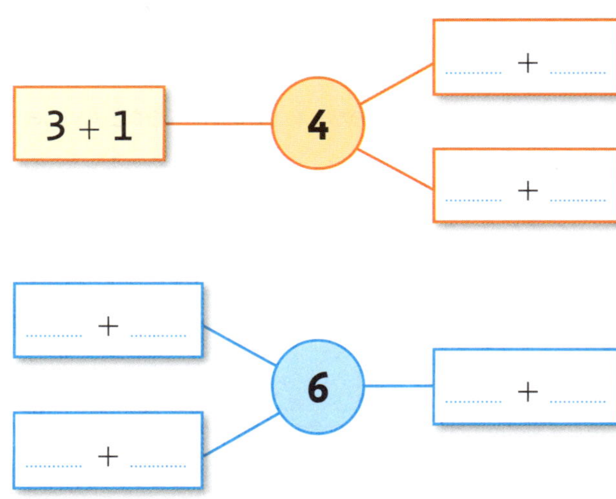

5 **Complète**, comme dans l'exemple.

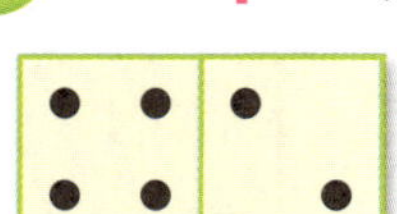

4 + 2 = 6

5 + ... = ...

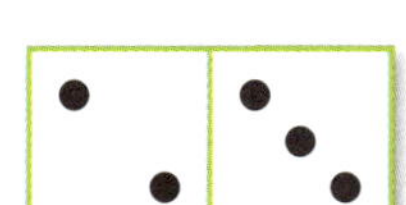

2 + ... = ...

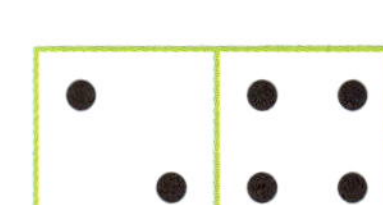

2 + ... = ...

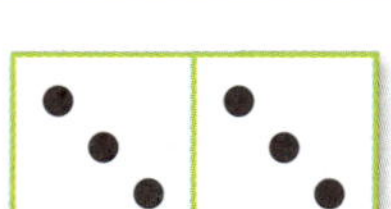

3 + ... = ...

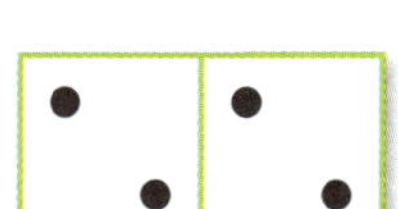

2 + ... = ...

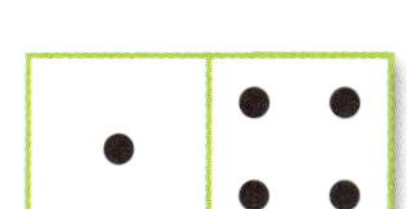

1 + ... = ...

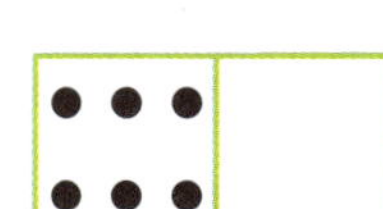

6 + ... = ...

10 Tracés à la règle

Calcul mental : Écrire des décompositions additives de 5 et de 6.

Je m'entraîne

1 **Trace** à la règle 2 traits pour séparer les ronds, les carrés et les triangles.

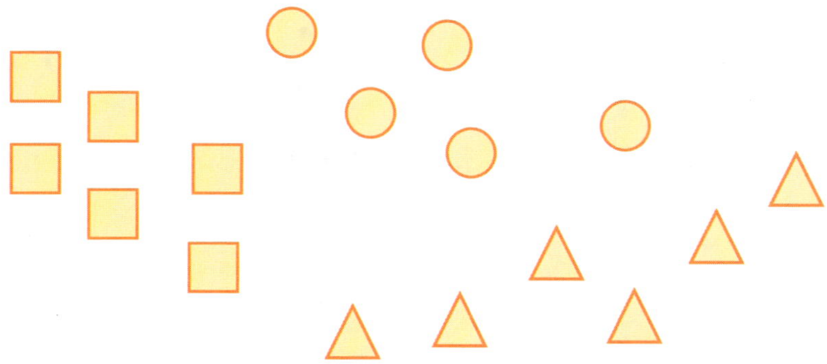

2 **Relie** les points pour dessiner le vélo.

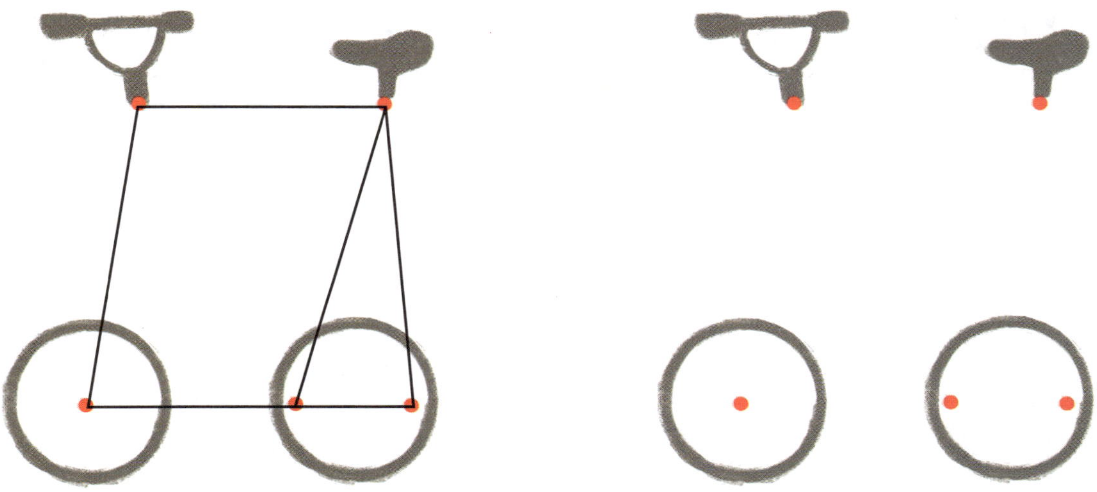

3 **a. Trace** un trait passant par les points **rouge** et **bleu**.

b. Réponds aux questions :

- Le trait passe par le point **vert** :

☐ oui ☐ non

- Les points **rouge**, **vert** et **bleu** sont alignés :

☐ oui ☐ non

4 **a. Trace** un trait passant par les points **A** et **B**.

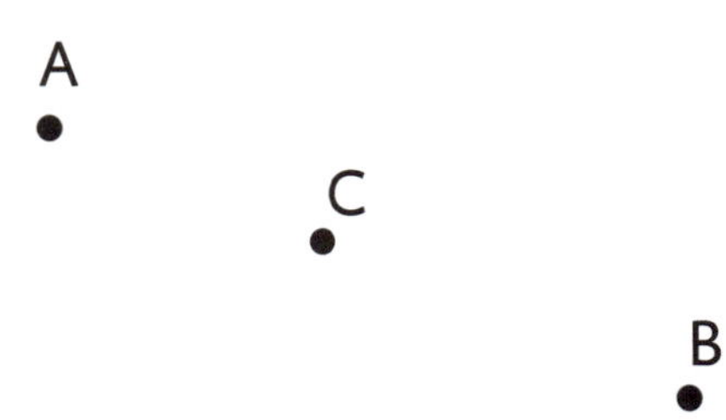

b. Réponds aux questions :

- Le trait passe par le point **C** :

☐ oui ☐ non

- Les points **A**, **B** et **C** sont alignés :

☐ oui ☐ non

11 Décomposer les nombres de 7 à 9

Calcul mental : Écrire des décompositions additives de 7.

....

Je cherche

1 **Complète** les sommes, comme dans l'exemple.

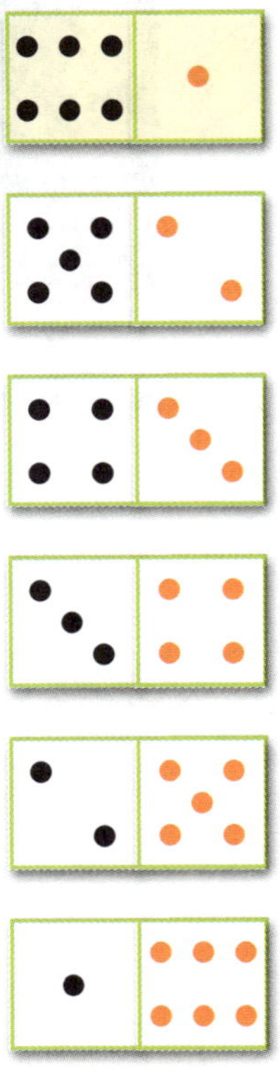

6 + **1** = 7

5 + ... = ...

4 + ... = ...

3 + ... = ...

2 + ... = ...

1 + ... = ...

2 **Complète**, comme dans l'exemple.

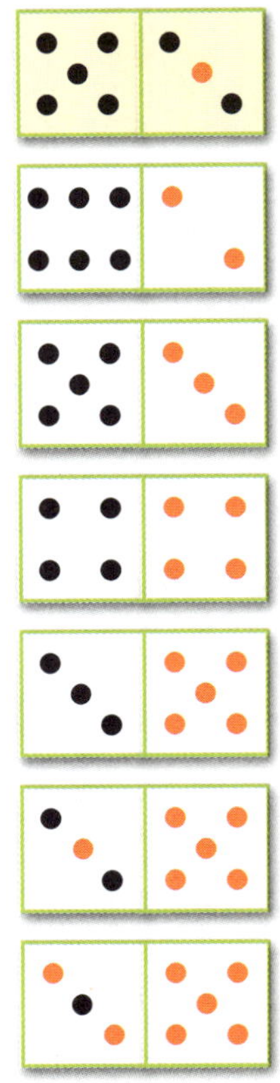

7 + **1** = 8

6 + ... = ...

5 + ... = ...

4 + ... = ...

3 + ... = ...

2 + ... = ...

1 + ... = ...

Je m'entraîne

3 **Complète**.

9

- 9 + **0**
- 8 + ...
- 7 + ...
- 6 + ...
- .... + ...
- .... + ...
- 3 + ...
- 2 + ...
- 1 + ...
- 0 + ...

4 **Dessine** 3 flèches ↘ sur chaque cible pour avoir :

8 points

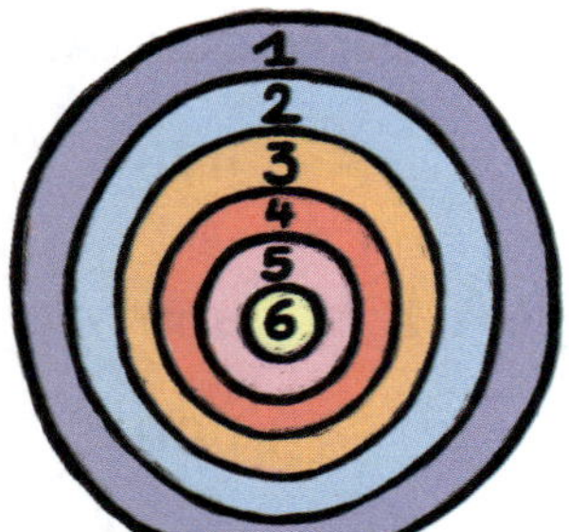

6 points

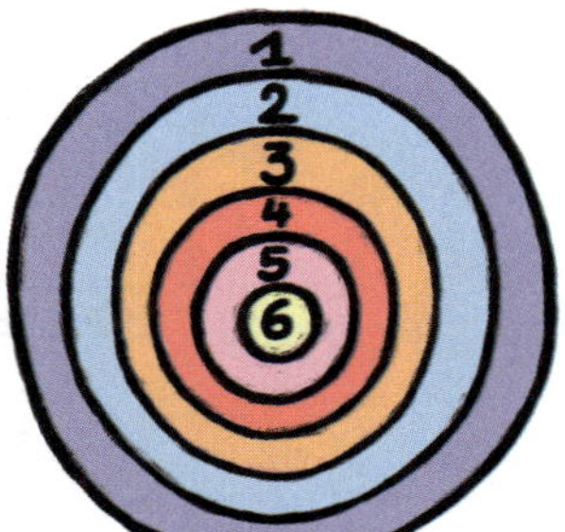

9 points

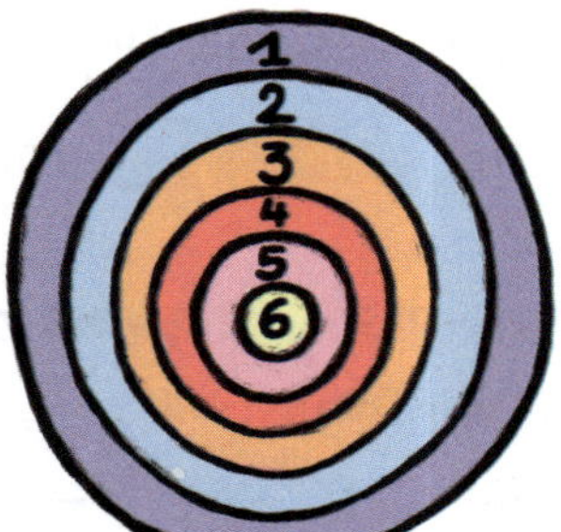

12 Bilan-Révisions

1 **Complète** les écritures.

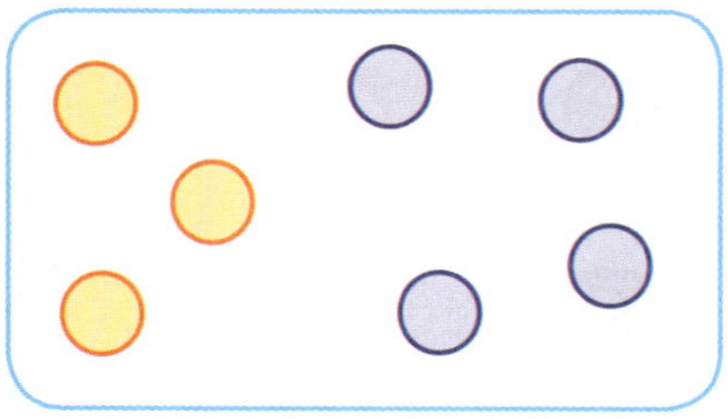

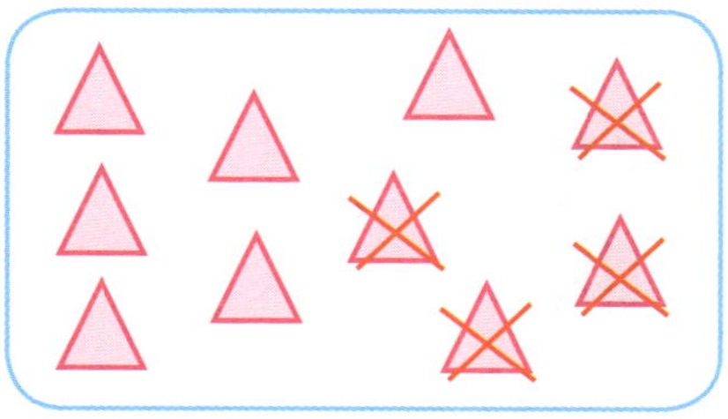

3 + ... = ...

.... − .... = ...

Dessine et **complète**.

.... ☐ .... = 8

2 **Complète** les décompositions de 8.

1 + 7	6 + ...
5 + ...	4 + ...
8 + ...	2 + ...

3 **Dessine** le chemin. Il passe **sous** le banc, **entre** les pots, **au-dessus** des roses et **à droite** de Zoé.

4 **Complète** le tableau, comme dans l'exemple.

5	cinq	3 + 2	8 − 3
2	....	1 + ...	6 − ....
....	....	.... + 1	9 − 3
10	....	6 + ...	.... − 0
....	quatre	.... + 2	7 − ....

5 Avec la **règle**, **joins** les points de la même couleur pour tracer la toile d'araignée.

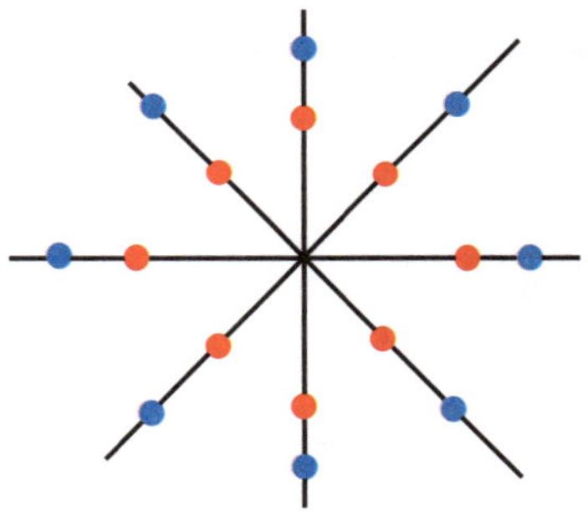

6 **Entoure** en **rouge** les mois qui ont 30 jours, et en **bleu** les mois qui ont 31 jours.

novembre *juillet* *août* *avril* *décembre* *juin*

	oui	pas encore
1 Je sais utiliser les signes + et −.		
2 Je sais décomposer des nombres.		
3 Je sais me repérer dans l'espace.		
4 Je sais écrire les nombres de 0 à 10 de différentes façons.		
5 Je sais faire des tracés à la règle.		
6 Je connais les mois de l'année.		

13 Compléter à 10

Calcul mental : Écrire des décompositions additives jusqu'à 7.
Ex. : 5 + 2 = ..., 3 + 2 = ...

....	....	....

Je cherche

1 **Complète** pour qu'il y ait 10 éléments.

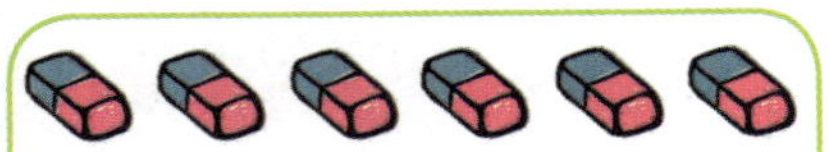

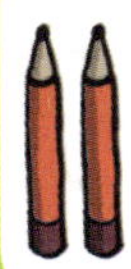

2 **Dessine** les points sur le 3e dé pour avoir un score de 10 points.
Complète les écritures, comme dans l'exemple.

6 + 4 = 10

.... + ... = 10

.... + ... = 10

Je m'entraine

3 **Complète**, comme dans l'exemple.

4 **Calcule** en faisant des sauts de puce, comme dans l'exemple.

Exemple : saut + 6

4	5	6	7	8	9	10

4 + **6** = 10

Saut + ...

2	3	4	5	6	7	8	9	10

5 + ... = 10

Sauts + 2, + ...

3	4	5	6	7	8	9	10

3 + **2** + ... = 10

Sauts + ..., + ..., + ...

2	3	4	5	6	7	8	9	10

2 + ... + ... + ... = 10

5 Pour acheter le bateau,
Jimmy donne un billet de 10 €.

Complète :

Le marchand lui rend .... €.

6 Sarah a 4 pièces de 2 €.

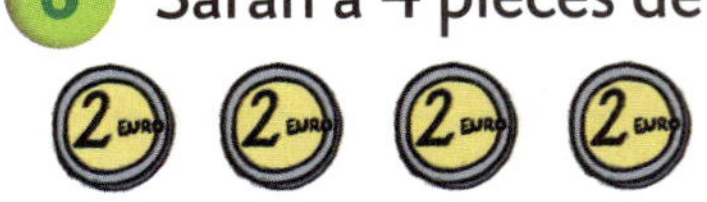

Elle veut les échanger contre un billet de 10 €.
Combien lui manque-t-il d'argent ?

Complète : Il lui manque .... €.

14 Comparer des longueurs

Calcul mental : Écrire des décompositions additives de 8.

....	....	....

Je cherche

1 Avec le gabarit [gabarit] de la fiche cartonnée n° 1, **mesure** les bandes de couleur.

Complète :

La bande...	mesure...
	3 gabarits
	.... gabarit
	.... gabarits
	.... gabarits

Je m'entraîne

2 **Range** les bandes, de la plus **courte** à la plus **longue**.

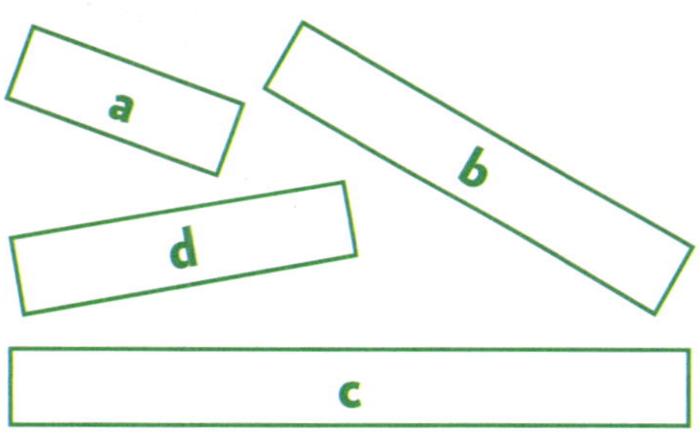

la plus courte ↓ .... ↓ la plus longue

3 Avec le gabarit de la fiche cartonnée n° 1, **mesure** les segments et **complète**.

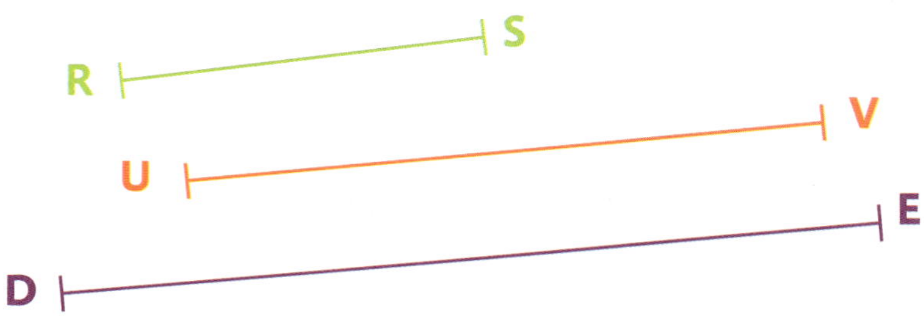

Mesure du segment **RS**	.... gabarits
Mesure du segment **UV**	entre .... et .... gabarits
Mesure du segment **DE**	entre .... et .... gabarits

4 En utilisant le carreau |—| comme unité, **mesure** les 3 chemins.

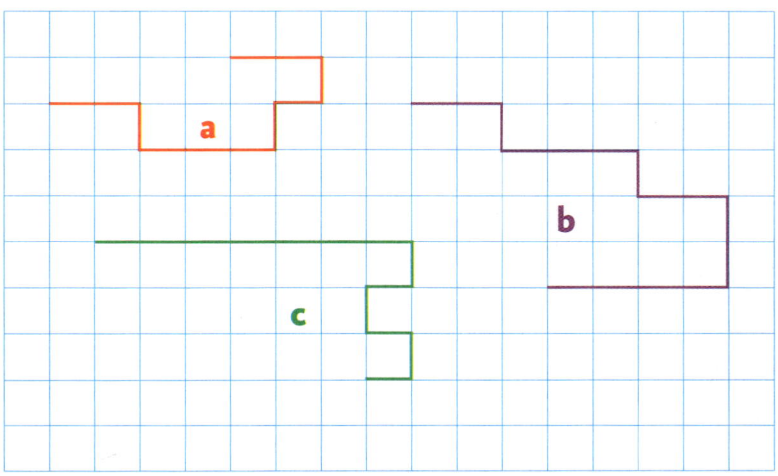

Complète :

- chemin **a** = ... carreaux
- chemin **b** = ... carreaux
- chemin **c** = ... carreaux

Indique le chemin :

- le plus **long** : . . . .
- le plus **court** : . . . .

15 La table d'addition (1)

Calcul mental : Écrire des décompositions additives de 9.

Je m'entraîne

1 **Écris** les décompositions de 5, à l'aide de la table.

4 + ...

3 + ...

2 + ...

1 + ...

2 **Écris** dans la table le résultat 6, dans toutes les cases possibles.

3 **Écris** dans la table le résultat 10.

+	1	2	3	4	5	6	7	8	9
1				5					
2			5						
3		5							
4	5								
5									
6									
7									
8									
9									

4 **Complète** les écritures et **écris** les résultats dans la table s'ils n'y sont pas.

7 + 2 = ... 4 + 4 = ... 1 + 8 = ... 2 + 6 = ...

5 + 2 = ... 6 + 2 = ... 3 + 2 = ... 1 + 3 = ...

5 **Complète** toute la table d'addition.

6 **Complète** et **vérifie** à l'aide de la table.

7 = ... + 5

6 + ... = 9

10 = 6 + ...

9 = ... + 4

8 = ... + 3

10 = 4 + ...

6 + ... = 10

9 + ... = 10

7 **Complète** les tableaux.

+	....	....	....	....	....
2	4		8		
3				4	6
4		8			

⊖	4	7	....	....
9			4	
8				2

16 Lire un dessin

Calcul mental : Écrire des décompositions additives des nombres jusqu'à 9 (révision).

Observe le dessin. **Réponds** par *vrai* ou par *faux*, ou **complète** les phrases.

1. Dans cette salle de cinéma, on voit 6 rangées de fauteuils. ☐ vrai ☐ faux
2. Dans chaque rangée, il y a .... fauteuils.
3. À la 3e rangée, il reste une place de libre. ☐ vrai ☐ faux
4. 5 personnes ont acheté du pop-corn. ☐ vrai ☐ faux
5. En tout, 20 personnes sont déjà assises. ☐ vrai ☐ faux
6. Il reste .... personnes debout.
7. Il y aura assez de places pour tout le monde. ☐ vrai ☐ faux
8. Le film de la séance de 3 h va bientôt commencer. ☐ vrai ☐ faux
9. Pour rester groupée, la famille de 4 personnes devra s'asseoir à la rangée n° .... .

17 Les nombres de 11 à 20

Calcul mental : Compléter à 10 : « Que manque-t-il à 9, 8, 7... pour avoir 10 ? ».

....

Je cherche

1 Complète.

.... €
10 + ...

dix-..........

.... €
10 + ...

dix-..........

.... €
10 + ...

dix-..........

2 Dessine ce qui manque ou barre ce qui est en trop.

onze

treize

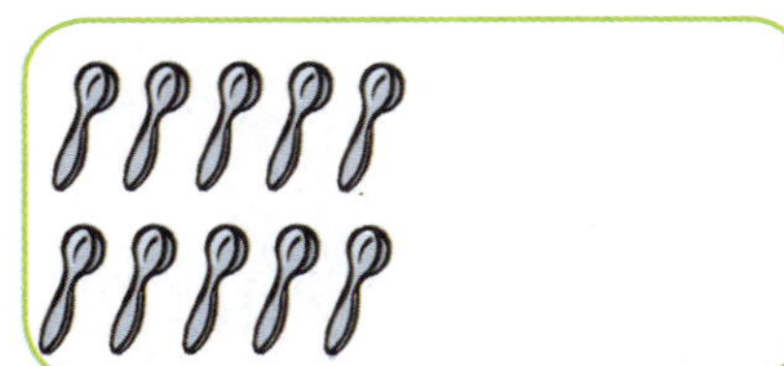

douze

Je m'entraine

3 Complète.

9 .... 11 12 21

4 Écris en lettres ou en chiffres.

seize ....

15 ....

14 ....

5 Calcule le score de chaque enfant et complète.

Nora : .... points

Hugo : .... points

Thomas : .... points

18 Se repérer sur un quadrillage

Calcul mental : Écrire des décompositions additives de 10.

Je cherche

1 Au jeu de la bataille navale, Sally a placé son **bateau rose** en (B, 5) (C, 5).

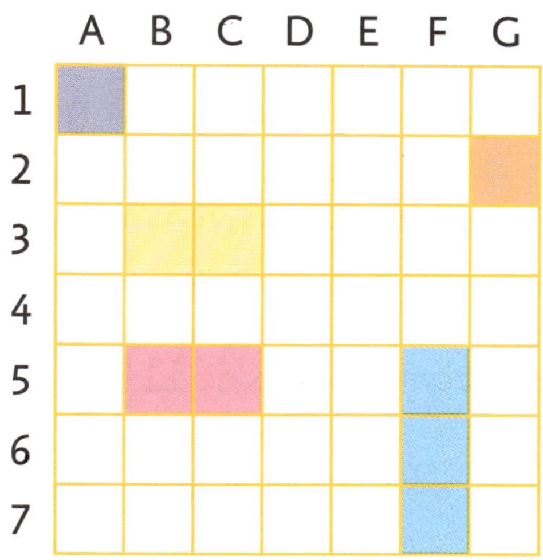

a. Complète :

bateau	cases
(bleu)	....
(jaune)	....
(orange)	....
(violet)	....

b. Place un **bateau vert** de 2 cases

et **indique** sa position : ....

Je m'entraîne

2 **Colorie** les cases :

- (C, 1) (D, 6) (G, 7) → en **rouge**
- (D, 4) (A, 6) (E, 3) → en **bleu**
- (A, 5) (D, 1) (F, 2) → en **vert**

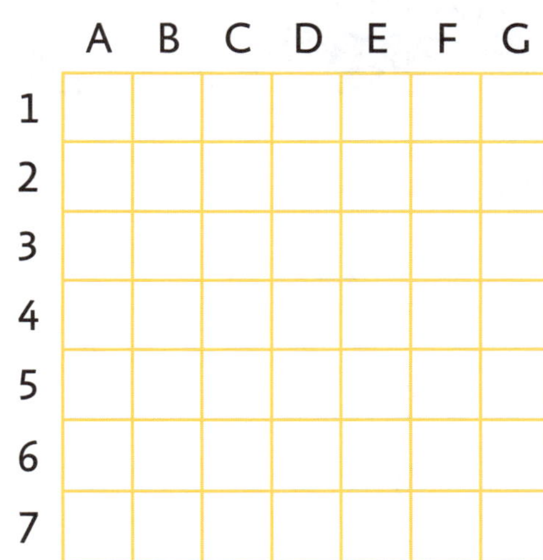

3 Les pirates sont partis avec les coffres aux trésors !
Aide le capitaine à les retrouver en **codant les cases** :

 (.... , ...) (.... , ...) (.... , ...)

 (.... , ...)

 (.... , ...) (.... , ...)

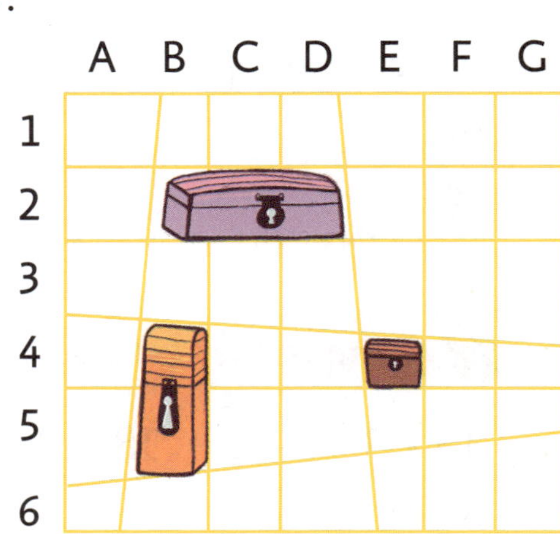

19 Décomposer les nombres de 11 à 20

Calcul mental : Écrire des décompositions soustractives des nombres de 0 à 10 en utilisant les décompositions additives.
Ex. : 8 – 5 = 3 et 5 + 3 = 8.

Je cherche

1 a. **Complète** les décompositions de 11.

11 + 0	10 + 1	9 + ...	8 + ...	7 + ...	6 + ...
5 + ...	4 + ...	3 + ...	2 + ...	1 + ...	0 + ...

11 + 0 et 0 + 11 sont deux écritures identiques.
1 + 10 et 10 + 1 sont identiques.

b. **Quelles** sont les autres écritures identiques dans les décompositions de 11 ?

....

....

2 **Complète** les décompositions de 14.

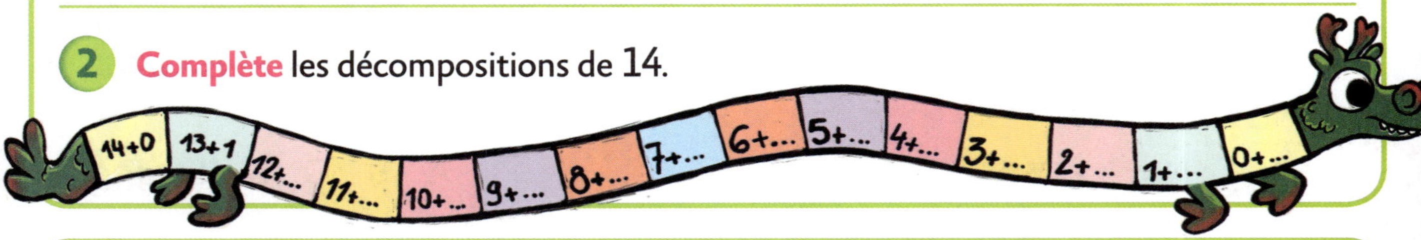

Je m'entraine

3 **Complète**, comme dans l'exemple.

12	13
10 + 2	10 + 3
9 + ...	9 + ...
8 + ...	8 + ...
7 + ...	7 + ...

4 **Écris** les résultats.

9 + 2 = ... 7 + 4 = ...
8 + 4 = ... 8 + 6 = ...
10 + 2 = ... 10 + 3 = ...
11 + 5 = ... 11 + 3 = ...

5 **Mets une croix** dans les bonnes cases, comme dans l'exemple.

	6 + 10	10 + 6	9 + 6	8 + 8	7 + 8
15			×		
16					

6 **Écris** les résultats.

6 + 6 = ...
9 + 9 = ...
7 + 7 = ...

7 **Complète à 20**. Tu peux écrire sur ton cahier les décompositions de 20.

19 + 1 18 + 2 17 + ... 16 + ... 15 + ...
14 + ... 13 + ... 12 + ... 11 + ...

20 Bilan-Révisions

1 **Complète** à 10.

4 + ...	5 + ...
5 + 4 + ...	2 + ...
2 + 3 + ...	3 + ...
6 + ...	8 + ...

2 **Complète** la table d'addition.

+	....	....	....	....
4	5	....	....	8
5	....	7	....	....
6	....	....	9	....

3 **Colorie** de la même couleur les écritures d'un même nombre.

14 + 5 — 16 — dix-neuf

19 + 1 — 18 – 2 — 20

7 + 1 + 3 — vingt — 11

19 — 10 + 4 + 2

4 **Complète** les cases quand le total est égal à 20, comme dans l'exemple.

+	5	13	10	8
10				
7		20		
15				
12				

5 Avec le gabarit de la fiche cartonnée n° 1, **mesure** les segments et **complète**.

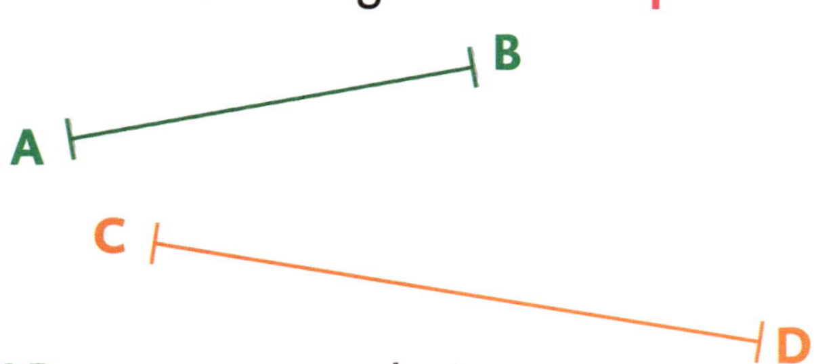

AB mesure .... gabarits.

CD mesure .... gabarits.

6 **Code** le chemin pris par la voiture.

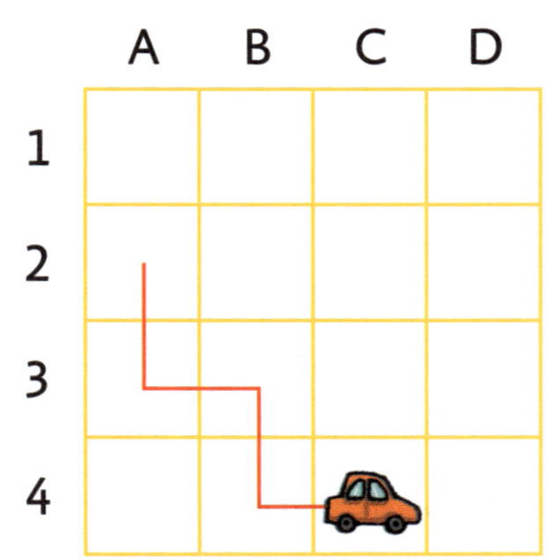

(A, 2)

(........ , ...)

(........ , ...)

(........ , ...)

(........ , ...)

	oui	pas encore
1 Je sais compléter à 10.		
2 Je sais compléter une table d'addition.		
3 Je connais différentes écritures des nombres de 0 à 20.		
4 Je sais décomposer des nombres jusqu'à 20.		
5 Je sais comparer des longueurs.		
6 Je sais me repérer sur un quadrillage.		

21 La table d'addition (2)

Calcul mental : Calculer des sommes de trois nombres en passant par la dizaine. *Ex. : 7 + 5 + 3, 6 + 7 + 4…*

Je cherche

1 **Complète** la table d'addition.

+	1	2	3	4	5	6	7	8	9
1	2	3	4	5	6	7	8	9	10
2	3	4	5	6	7	8	9	10	
3	4	5	6	7	8	9	10		
4	5	6	7	8	9	10			
5	6	7	8	9	10				
6	7	8	9	10					
7	8	9	10						
8	9	10							
9	10								

2 **Complète** et **vérifie** à l'aide de la table.

5 + 7 = ...

9 + 6 = ...

5 + 9 = ...

8 + 7 = ...

9 + 5 = ...

5 + 8 = ...

13 − 7 = ...

14 − 7 = ...

Je m'entraîne

3 **Complète** en t'aidant de la table, comme dans l'exemple.

15 = 8 + 7

13 = 9 + ...

12 = 3 + ...

18 = 9 + ...

16 = 8 + ...

17 = 8 + ...

4 **Complète** en t'aidant de la table.

12 = 6 + 6

14 = ... + 7

15 = ... + 7

8 = 14 − ....

9 = 18 − ....

6 = 10 − ....

5 Luc et Éva jouent au jeu de l'oie.

Luc est sur la case 7 et obtient 9 points.

Il avance jusqu'à la case ....

Éva est sur la case 8 et obtient 6 points.

Elle avance jusqu'à la case ....

6 En t'aidant de la table, **complète à 10** et **calcule**, comme dans l'exemple.

7 + 8 = ?

7 + 3 + 5 = 15
(7 + 3 → 10)

6 + 9 = ?

6 + ... + 5 = ...
(6 + ... → 10)

9 + 7 = ?

.... + 9 + 6 = ...
(.... + 9 → 10)

22 Utiliser le double décimètre

Calcul mental : Écrire des décompositions de 11. Utiliser la propriété de commutativité pour mémoriser les résultats.

Je cherche

1 **Entoure** le prénom de l'enfant qui utilise correctement le double décimètre pour mesurer un segment.

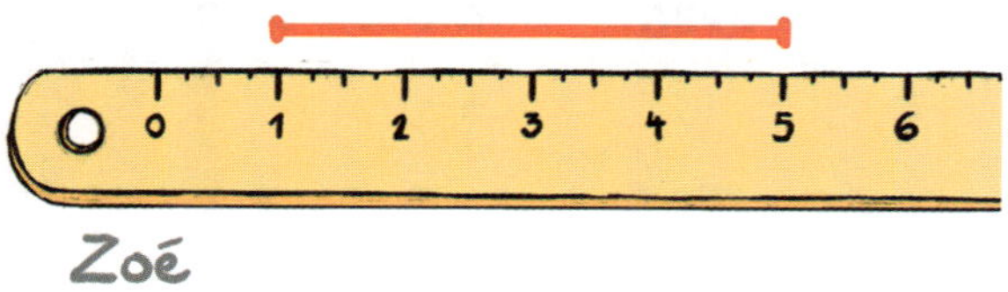

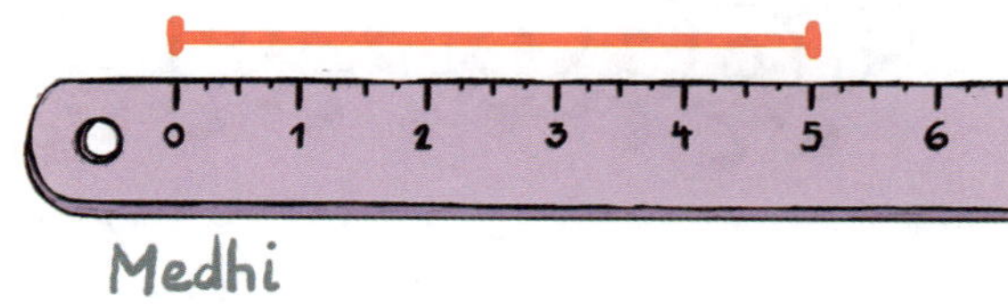

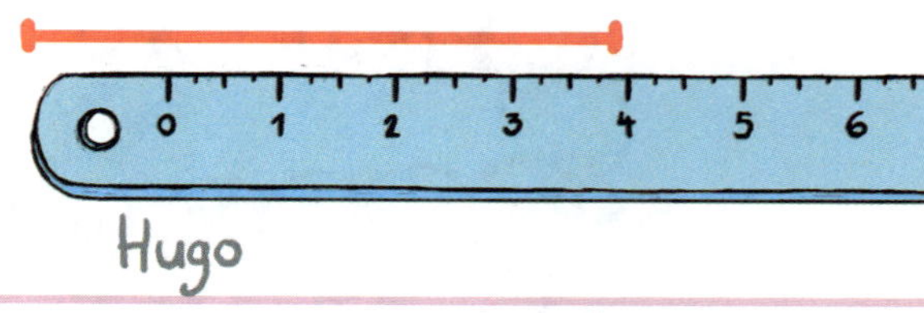

Complète : Le segment mesure . . . . cm.

Je m'entraîne

2 a. **Mesure** les segments avec le double décimètre.

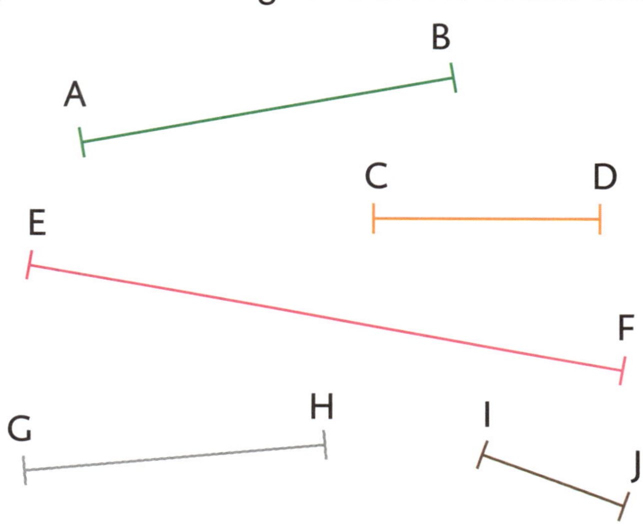

b. **Complète** le tableau :

AB	. . . . cm
CD	. . . . cm
EF	. . . . cm
GH	. . . . cm
IJ	. . . . cm

3 **Mesure** les 2 lignes brisées et **écris** leur longueur.

ⓐ 

. . . . cm . . . . cm . . . . cm . . . . cm

a mesure . . . . cm.

ⓑ 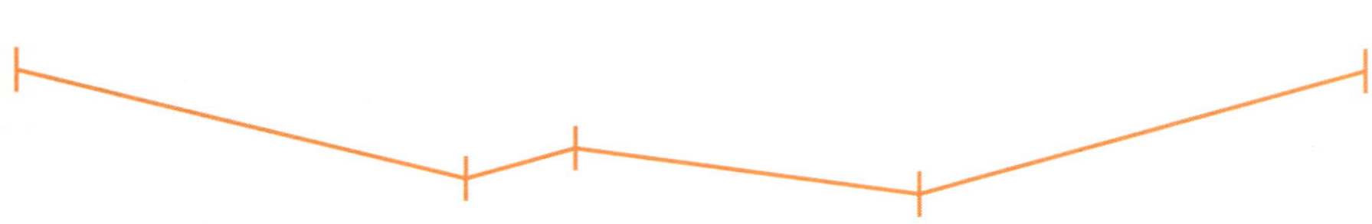

b mesure . . . . cm.

4 **Trace** une ligne brisée de 10 cm.

23 Comparer et ordonner les nombres jusqu'à 20

Calcul mental : Écrire et mémoriser des décompositions de 12 *(Ex. : 10 + 2, 9 + 3, 8 + 4, ..., 4 + 8, 3 + 9, 2 + 10).*

Je cherche

1 **a. Complète** la suite des nombres.

b. Complète le tableau.

nombre avant	nombre	nombre après
....	10	....
....	8	....
....	7	....
....	1	....
....	9	....

Je m'entraîne

2 **Range** les nombres du **plus petit** au **plus grand** : 14 11 8 13 19 17 16

3 **Range** les nombres du **plus grand** au **plus petit** : 7 12 9 15 20 10

4 **Observe** les maisons et **ajoute** les numéros qui manquent.

Complète :

La **première** maison a le numéro ....

La **dernière** maison a le numéro ....

La **septième** maison a le numéro ....

L'**avant-dernière** maison a le numéro ....

5 **Lis** le texte et **complète**-le.

12 élèves font la course. À l'arrivée, Hugo est 9e.

Mehdi est juste après Hugo : il est ....

Sally arrive 2 places après Hugo. Elle est ....

Luc est le gagnant de la course. Il est ....

24 Se déplacer sur un quadrillage

Calcul mental : Écrire des décompositions de 13 *(Ex. : 10 + 3, 9 + 4, 8 + 5, 7 + 6, 6 + 7, 5 + 8, 4 + 9, 3 + 10).*

Je cherche

1 **a. Trace** le chemin que le chameau va suivre pour aller jusqu'à l'oasis.

b. Dessine l'oasis  dans la bonne case.

→	→	→	→	↓	←	←	↓	↓	↓	→	→

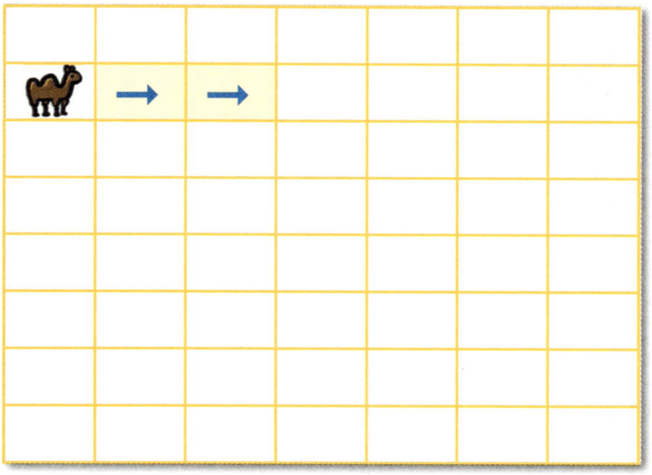

Je m'entraîne

2 Le pompier doit retrouver son camion. Attention aux flammes !
Trace le chemin qu'il peut prendre. **Code** le déplacement avec des flèches :

3 Le pilote doit retrouver son avion. Voilà le chemin qu'il va suivre :

→	→	→	↑	→	↑	↑	←

Dessine un visage dans la case où est le pilote avant de partir.

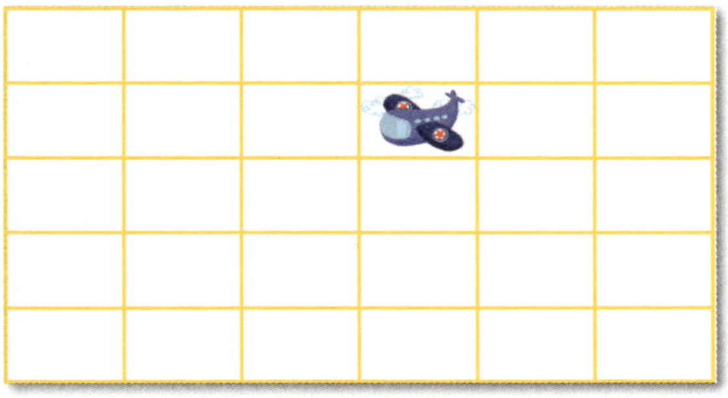

25 Augmentation, diminution

Calcul mental : Écrire des décompositions soustractives des nombres de 10 à 13 en utilisant les décompositions additives.
Ex. : 8 + 4 = 12 et 12 − 4 = 8.

Je cherche

1 Nora avait 19 billes.
Pendant la récréation, elle en perd 6.
Barre les billes qu'elle a perdues.

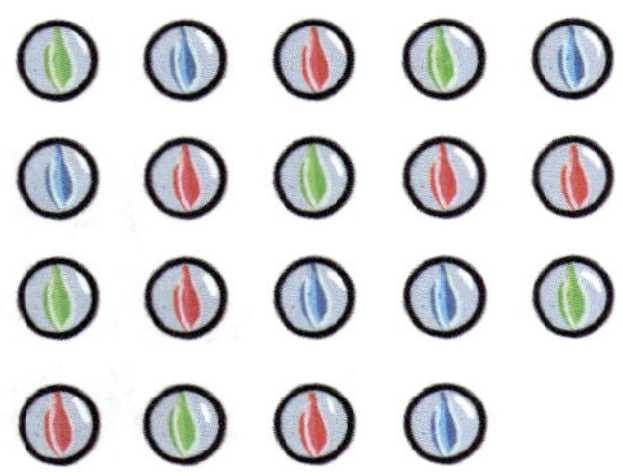

Complète :
Après la récréation, Nora a .... billes.

19 − 6 = ...

⟶ Le nombre de billes diminue.

2 Thomas a 9 DVD dans son salon.

Il en achète 8.
Combien a-t-il de DVD maintenant ?

Complète : Thomas a .... DVD.

9 + 8 = ...

⟶ Le nombre de DVD augmente.

Je m'entraine

3 17 voitures sont garées sur un parking. 2 voitures arrivent et 5 voitures partent.
Combien y a-t-il alors de voitures ?

Complète : 17 + ... − .... = ...   Il y a .... voitures.

4 **Colorie** en **orange** la case d'arrivée et **complète** l'écriture.

9	10	11	12	13	14	15	16	17	18

9 + 6 = ...

11	12	13	14	15	16	17	18	19	20

20 − 3 = ...

5 **Colorie** en **bleu** la case de **départ** et en **orange** la case d'**arrivée**.

a. Recule de 5 en partant de 18.

12	13	14	15	16	17	18	19

Complète : 18 ☐ 5 = ...

b. Avance de 7 en partant de 6.

5	6	7	8	9	10	11	12	13	14

Complète : .... ☐ .... = ...

26 Utiliser un tableau

Connaissance des nombres : Écrire des nombres de 10 à 20 en lettres.

1 **Observe** l'emploi du temps de Léonard et **complète** les phrases.

		LUNDI	MARDI	JEUDI	VENDREDI
Matin	9 h – 10 h	Français *lecture*	Français *production écrite*	Mathématiques *mesures*	Français *lecture*
	10 h – 11 h	Arts visuels	Sciences	EPS	Anglais / Français *poésie*
	11 h – 12 h	Mathématiques *calcul*	Français *orthographe*	Découverte du monde	Déc. du monde
repas de midi					
Après-midi	14 h – 15 h	Français *dictée*	Mathématiques *géométrie*	Français *lecture*	Français *vocabulaire*
	15 h – 16 h	EPS	Musique	Anglais	Mathématiques *contrôle*
	16 h – 17 h	Mathématiques *problèmes*	Français *grammaire*	Français *écriture*	EPS

La classe a lieu de .... h à .... h le matin et de .... h à .... h l'après-midi.

Il y a .... jours de classe par semaine.

Le jeudi, de 15 h à 16 h, Léonard a un cours ....

Dans la semaine, Léonard fait des activités de lecture pendant .... heures en tout.

Le jour où Léonard fait des sciences est le .... ☐ matin ☐ après-midi.

Chaque jour, il y a .... heures de classe.

Pendant la semaine, il y a .... + ... + ... + ... = ... heures de classe.

2 **a.** En t'aidant des dessins et du texte, **complète** le tableau comme dans l'exemple.

b. **Écris** le nom des enfants sous le dessin.

Jean et Marc n'ont pas choisi les glaces.
Adèle n'aime pas la vanille.
Jean ne boit pas à la bouteille.

	Lucie	Jean	Marc	Adèle
Glace vanille				
Menthe à l'eau				
Lait grenadine				
Glace chocolat				x

27 Dizaines et unités

Calcul mental : Écrire des décompositions de 14, notamment 10 + 4, 9 + 5, 8 + 6, 7 + 7, 6 + 8, 5 + 9, 4 + 10.

....	....	....

Je cherche

1 **Fais** des échanges et **complète** les tableaux.

avant l'échange

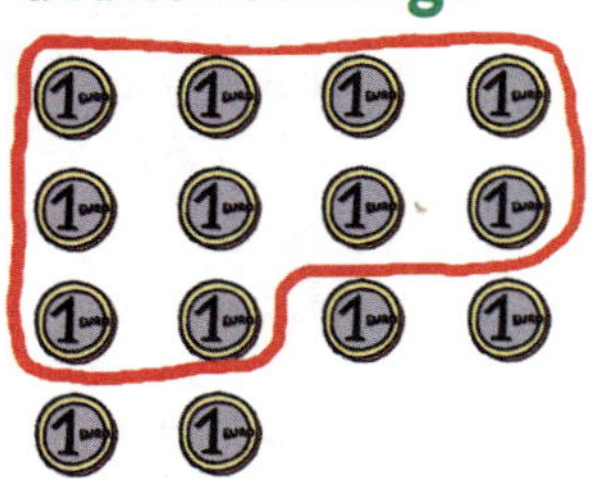

après l'échange

....	....

avant l'échange

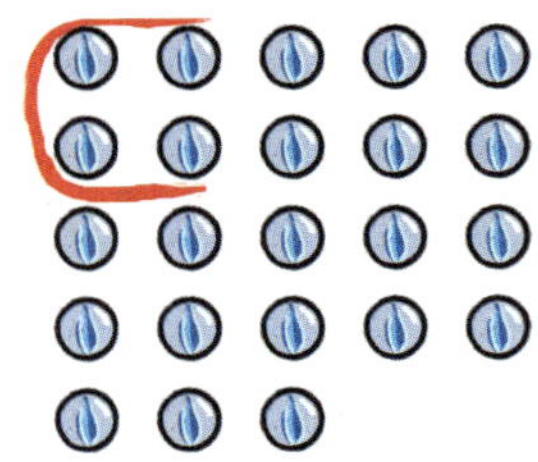

après l'échange

dizaines	unités
....	....

avant l'échange

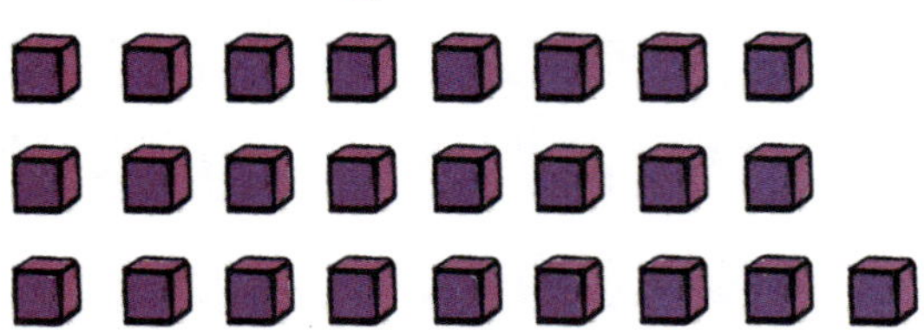

après l'échange

dizaines	unités
d	u
....	....

Je m'entraîne

2 **Complète** ou **dessine** en respectant la règle d'échange 10 ● → 1 ●

d	u
.	.

d	u
.	.

d	u
3	2

d	u
6	4

d	u
2	9

3 **Relie** les écritures d'un même nombre.

- 3 dizaines et 5 unités ●
- 1 dizaine et 9 unités ●
- 18 unités ●
- 3 unités et 6 dizaines ●

- ● 19
- ● 63
- ● 35
- ● 10 + 8
- ● 18

28 Bilan-Révisions

1 **Complète** la table d'addition.

+	....	....	....	....	....
7	12	16	13	....	....
8	....	....	....	16	15

2 **Joins** les points de 2 en 2.

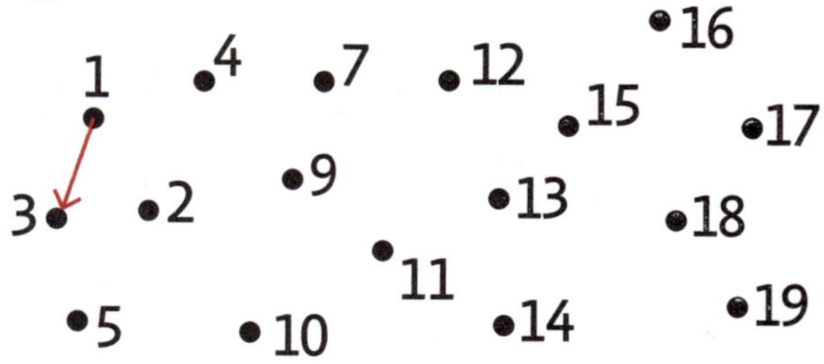

3 Dans le bus, il y a 8 voyageurs. Au premier arrêt, 9 personnes montent et 3 personnes descendent. **Combien** y a-t-il désormais de voyageurs dans le bus ?

Complète : .... + ... − .... = ...

Il y a .... voyageurs dans le bus.

4 • **Fais** des groupes de 10 étoiles.

• **Complète** :

d	u
.	.

.... dizaines et .... unités

5 **Mesure** chaque segment avec ton **double décimètre** et **complète** :

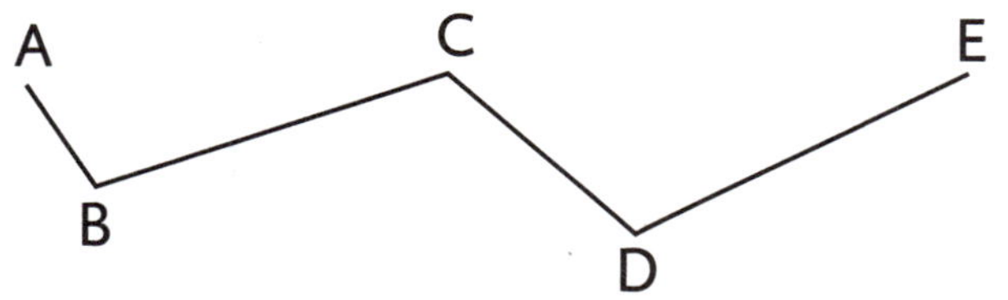

AB = ... cm BC = ... cm

CD = ... cm DE = ... cm

La ligne brisée mesure en tout :

.... cm + ... cm + ... cm + ... cm

= .... cm

6 **Trace** le chemin pour trouver la phrase que dit le renard au Petit Prince.

S	O →	→	→	↓	↓	→	→	→

↓	↓	→	→

S	O →	I →	S	S	A	G	E	
T	O	I		P	E	T	I	T
	N		M	O	N		E	T
		S	U	R			L	E
			T	A	T	A	M	I

	oui	pas encore
1 Je sais compléter une table d'addition.		
2 Je sais ordonner les nombres jusqu'à 20.		
3 Je sais calculer une augmentation ou une diminution.		
4 Je sais faire des échanges dix contre un.		
5 Je sais utiliser le double décimètre.		
6 Je sais me déplacer sur un quadrillage.		

29 Les nombres de 21 à 59 (1)

Connaissance des nombres : Écrire des nombres de 0 à 59 avec des dizaines et des unités.

Je cherche

1 **Groupe** les billes par 10 et **complète**.

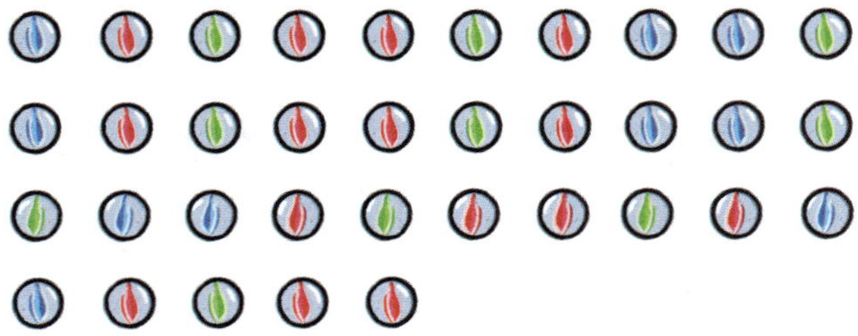

Il y a .... billes.

d	u
......	......

Ce sont différentes écritures d'un même nombre.

Écris ce nombre en lettres : .... - ....

Je m'entraine

2 **Complète** le tableau, comme dans l'exemple.

vingt-sept	27	20 + 7	2 d et 7 u	10 + 10 + 7
trente et un	......	......	......	......
quarante-cinq	......	......	......	......
cinquante-six	......	......	......	......
......	......	40 + 3	......	......
......	......	......	......	10 + 10 + 10 + 10 + 9
......	......	......	3 d et 2 u	......

3 **Trouve** tous les nombres que l'on peut écrire avec :

vingt | trente | quarante | trois | cinq

Tu dois **utiliser** 2 étiquettes à chaque fois.
Écris les nombres en chiffres :

....

....

4 **Calcule**.

48 + 10 = ... 55 − 10 = ... 43 + 2 = ... 38 − 4 = ...

38 + 10 = ... 43 − 10 = ... 29 + 1 = ... 29 − 3 = ...

27 + 10 = ... 21 − 10 = ... 57 + 2 = ... 45 − 5 = ...

30 Segments et points

Connaissance des nombres : Décomposer des nombres de 21 à 59 en utilisant les dizaines.
Ex. : 54 = 10 + 10 + 10 + 10 + 10 + 4.

....

Je m'entraîne

1 Avec ta **règle**, **joins** les points en respectant l'ordre des nombres.

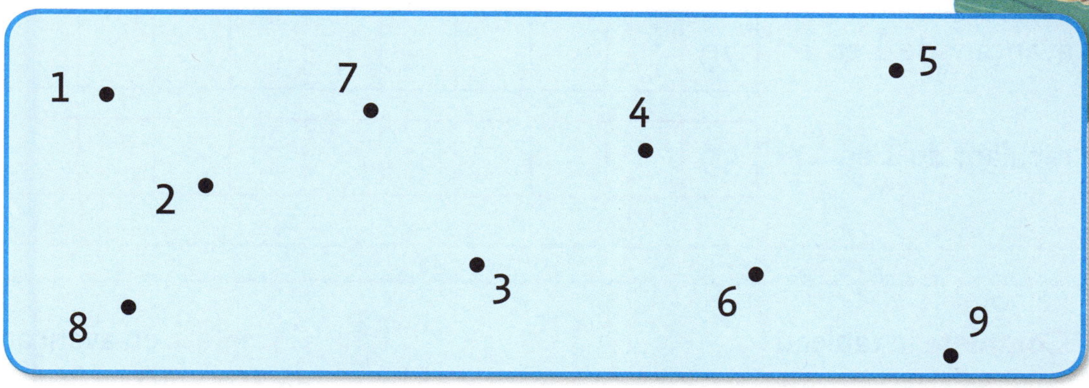

2 • Avec ta **règle**, **joins** les points de la même couleur.

• **Complète** :
Le segment qui relie les points **verts** s'appelle .....

3 • **Trace** les segments AB, CD, EF et GH.
• **Marque** d'un point **bleu** l'endroit où se croisent les segments AB et CD.
Appelle-le M.

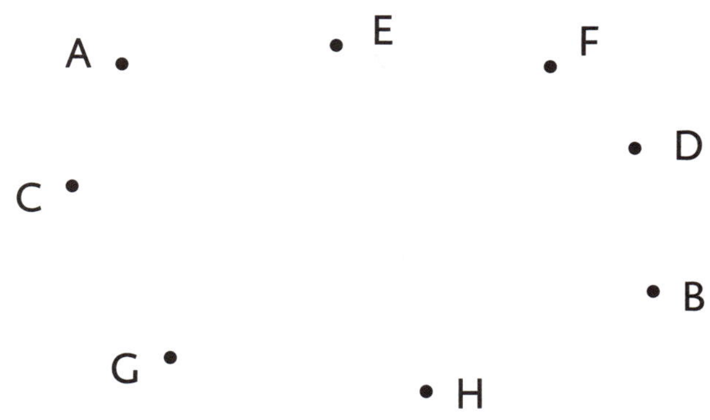

4 **a.** Avec ta **règle**, **trace** les segments AB, BC, CD et DA.

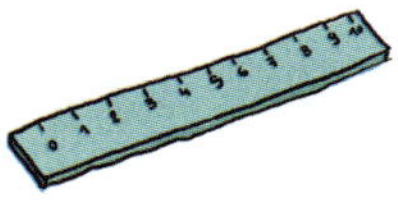

b. Avec ta **règle**, **trace** les segments AC et DB.

c. **Marque** d'un point **rouge** l'endroit où se croisent les segments AC et DB.
Nomme ce point E.

d. **Mesure** DE et EB. **Complète** :

DE mesure ☐ cm. EB mesure ☐ cm.

Que remarques-tu ?

....

31 Les nombres de 21 à 59 (2)

Calcul mental : Écrire des décompositions de 15, notamment 10 + 5, 9 + 6, 8 + 7, 7 + 8, 6 + 9, 5 + 10.

....	....	....

Je cherche

1 **Complète** les bandes de nombres :

- en avançant de 1 en 1 :

20	....	....	....	....	....	....	....	....	....	31

- en reculant de 1 en 1 :

59	....	....	....	....	....	....	....	....	49

Je m'entraîne

2 **Complète** le tableau :

nombre avant	nombre	nombre après
....	30	....
....	20	....
....	50	....
....	41	....
....	55	....

3 **Complète** en avançant de 10 en 10.

0	10	....	....	....	....	60

3	....	....	....	....	53

5	....	....	....	....	55

4 **Compare** les nombres avec les signes < (plus petit), = ou > (plus grand), comme dans l'exemple.

56	>	22	52	....	49	20 + 8	....	28
58	....	28	36	....	46	30 + 8	....	30 + 2
31	....	29	40	....	39	40 − 2	....	40 − 5

5 **Relie** les points de 5 en 5 à partir de 2.

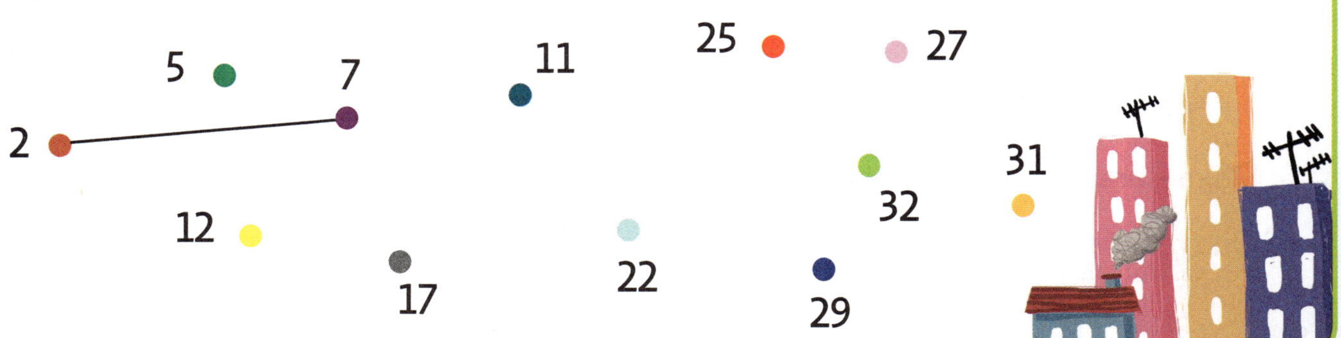

32 Résoudre des problèmes

Connaissance des nombres : Trouver le plus petit de deux nombres compris entre 0 et 59.

Adèle, Léonard et Lucie jouent ensemble...

... aux billes

1 Au début du jeu, Adèle a 14 billes, Léonard a 28 billes et Lucie a 25 billes.
Adèle gagne 6 billes, Léonard en perd 5 et Lucie en gagne 10.
Combien chacun a-t-il de billes maintenant ?

a. Complète en indiquant l'opération que tu fais :

Adèle a . . . . ☐ . . . . = ... billes. Léonard a . . . . ☐ . . . . = ... billes.

Lucie a . . . . ☐ . . . . = ...

Ils jouent une 2ᵉ partie. À la fin de cette partie, Adèle a 15 billes, Léonard a 29 billes et Lucie a 40 billes. **Combien** chacun a-t-il gagné ou perdu de billes ?

b. Coche la bonne réponse et **complète** : **Écris** l'opération :

Adèle a ☐ gagné ☐ perdu . . . . billes. . . . . ☐ . . . . = 15

Léonard a ☐ gagné ☐ perdu . . . . billes. . . . . ☐ . . . . = 29

Lucie a ☐ gagné ☐ perdu . . . . billes. . . . . ☐ . . . . = 40

... au jeu de l'oie

2 **Complète** :

a. Adèle est à la case 28. Elle lance les dés et obtient 5, puis 4, puis 6, puis 2.

28 + ... + ... + ... + ... = ... Elle arrive à la case ☐.

b. Léonard est à la case 39. Il lance les dés et obtient 2, puis 3, puis 4, puis 1, puis il arrive sur la case « Reculer de 5 cases ».

39 + ... + ... + ... + ... − . . . . = ... Il arrive à la case ☐.

c. Lucie lance les dés et obtient 3, puis 2, puis 1, puis 1. Elle arrive sur la case 42.

Elle a avancé de . . . . cases.

Au début, elle se trouvait sur la case . . . . . **Écris** l'opération : . . . . ☐ . . . . = ...

33 Déplacement sur la droite numérique

Connaissance des nombres : Écrire des décompositions additives (nombres de 21 à 59) du type dizaines + unités.
Ex. : 54 = 50 + 4.

Je m'entraîne

1 La puce avance (**a**) en faisant des sauts sur la droite numérique.

Complète :

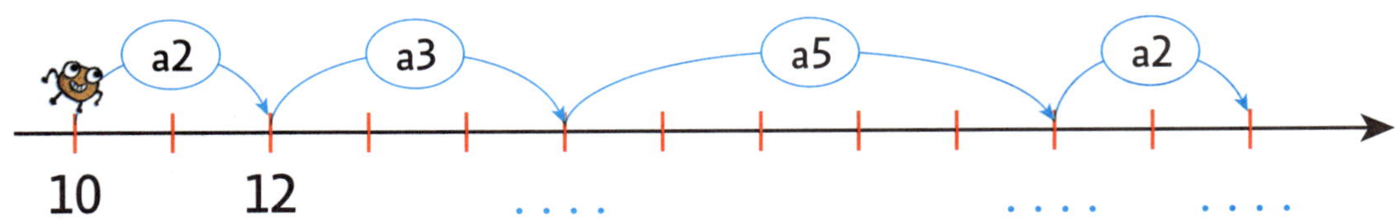

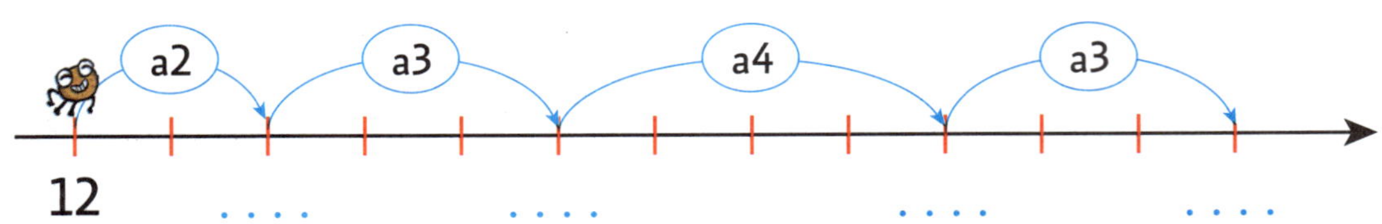

2 **Complète :**

a.

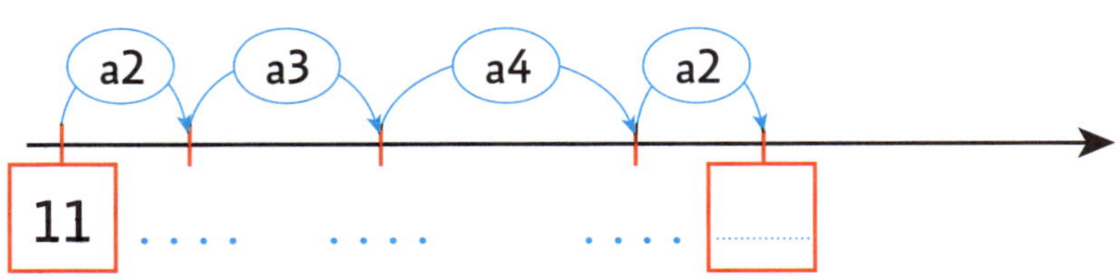

11 + 2 + 3 + 4 + 2 = ...

b.

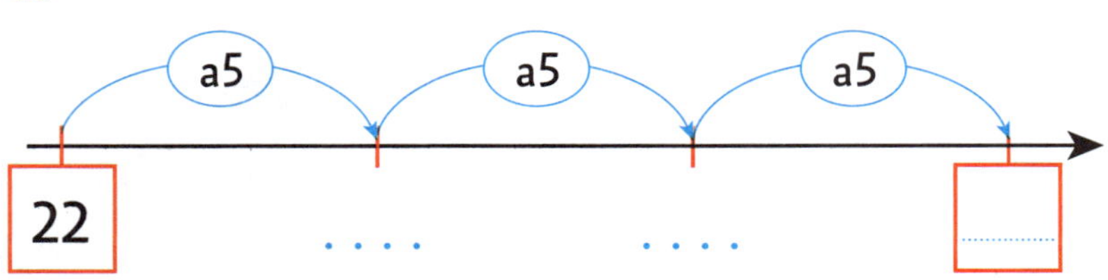

22 + 5 + 5 + 5 = ...

c.

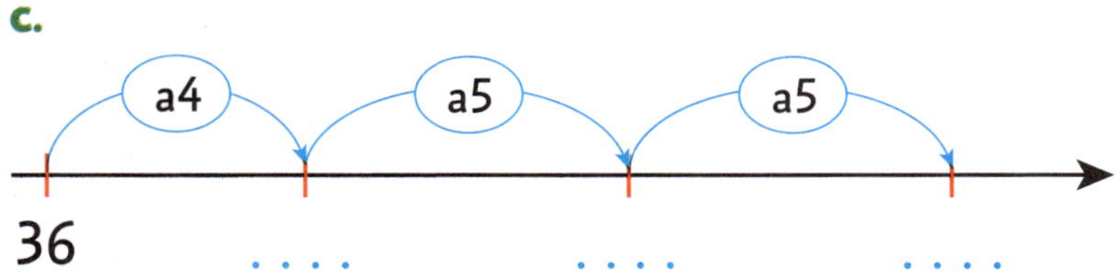

36 + 4 + 5 + 5 = ...

3 La puce recule (**r**) en faisant des sauts sur la droite numérique.

La puce part vers la gauche.

Complète :

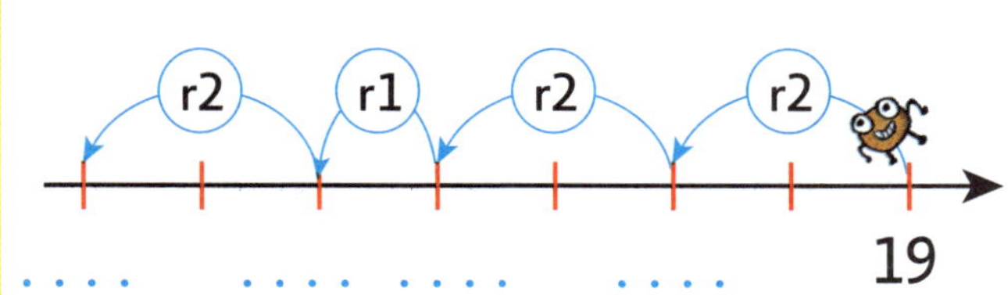

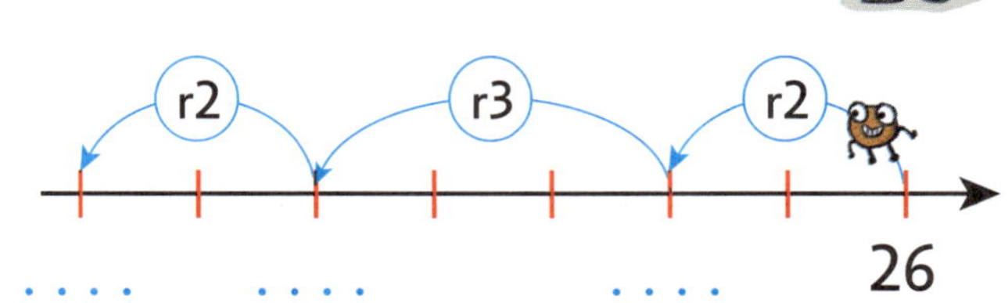

34 La monnaie (1)

Calcul mental : Ajouter 10 à un nombre de 0 à 49.

Je m'entraine

1 **a.** Voici ce que Nora a dans son porte-monnaie.

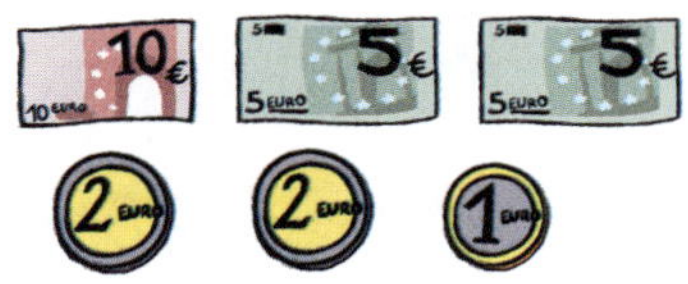

Calcule la somme et **complète** la phrase : Nora a . . . . €.

b. Mets une croix devant la bonne réponse :

Nora peut-elle acheter les 4 objets ?

☐ oui ☐ non

c. Elle achète la balle et le diabolo.
Combien va-t-elle payer ?

Complète : . . . . €.

d. Dessine les pièces et les billets qu'elle peut utiliser pour payer :

---

2 **a. Complète** le tableau :

		Total
 Zoé	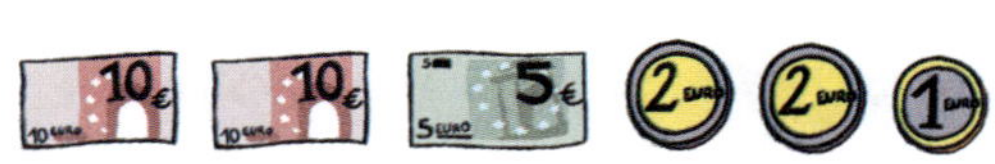	. . . . €
 Diego		. . . . €
 Luc		. . . . €

b. Zoé échange tout son argent contre 3 billets.
Dessine les billets :

c. Zoé et Diego veulent acheter un camion qui coûte 52 €.
Dessine les pièces et les billets qu'ils peuvent donner :

35 Calculer des sommes avec la droite numérique

Calcul mental : Ajouter 11, ajouter 12 à un nombre de 0 à 45 en ajoutant 10 + 1, 10 + 2.

Je cherche

1 Éva a fait 26 crêpes et Thomas a fait 23 crêpes. Ensemble, ils ont fait 26 + 23 crêpes. Pour connaître le nombre total de crêpes, ils calculent de deux façons.

Complète :

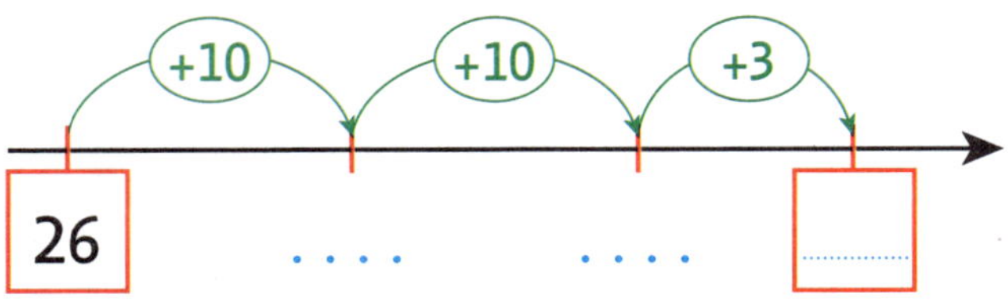

10 + 10 + 3 = 23

26 + 23 = ……

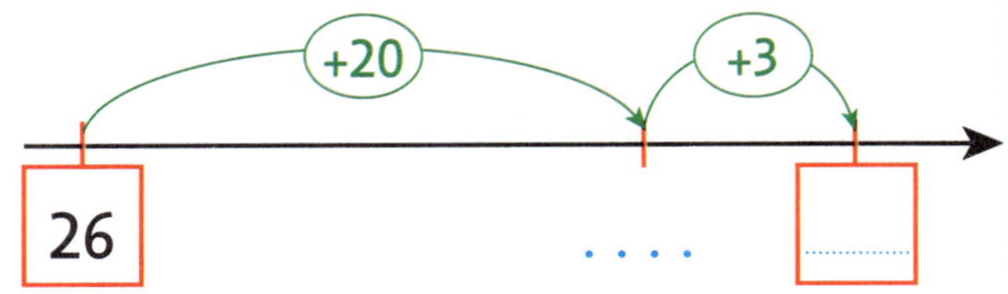

20 + 3 = 23

26 + 23 = ……

Je m'entraîne

2 **Calcule** comme **Éva**.

16 + 21

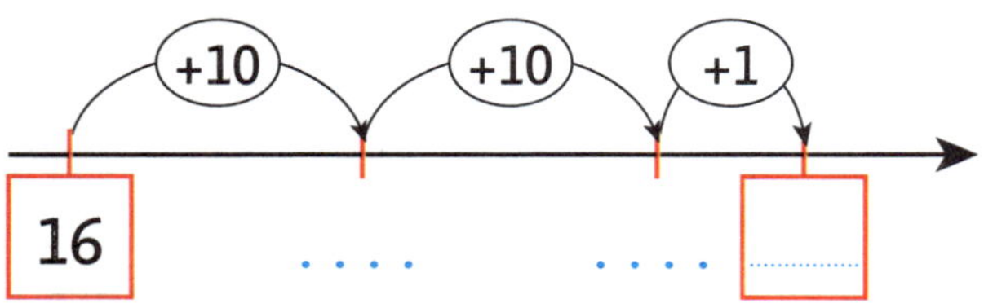

22 + 31

3 **Calcule** comme **Thomas**.

17 + 22

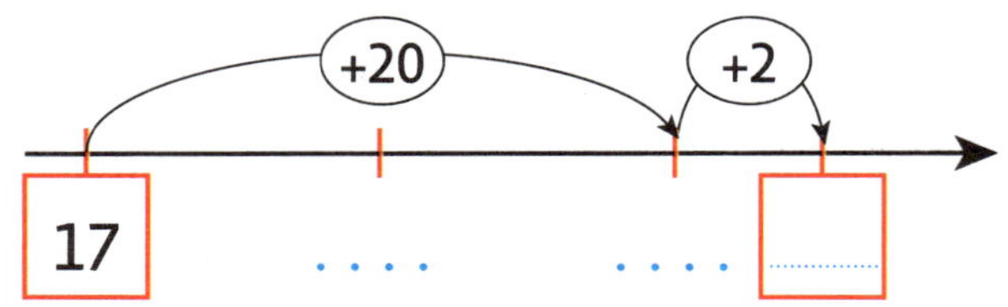

25 + 34

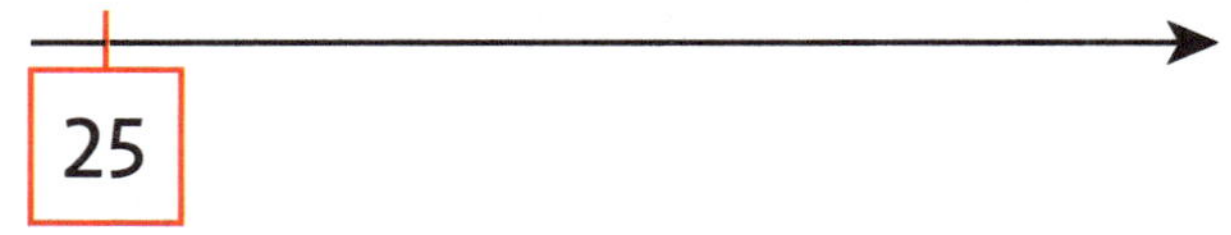

4 Tu sais que 12 + 27 = 27 + 12.

a. **Calcule** en partant de 12.

12 + 27 = ...

b. **Calcule** en partant de 27.

27 + 12 = ...

Quel est le calcul le plus facile à effectuer ? ☐ **a** ☐ **b**

36 Bilan-Révisions

1 Mehdi a rangé ses billes dans des sacs de 10 billes. **Complète**, comme dans l'exemple :

3 4

. .

. .

2 **Compte** de 5 en 5.

0 → 5 → .... →
.... → 20 → 25 →
.... → .... → .... →
.... → .... → 55

3 **Compare** avec <, = ou >.

45 39	37 28
41 .... 32 + 7	40 + 8 55
41 + 6 .... 43 + 5	47 51
52 + 4 .... 54 + 3	60 50

4 **Trace** :
- un segment qui coupe le segment AB ;
- un segment qui **ne** coupe **pas** AB.

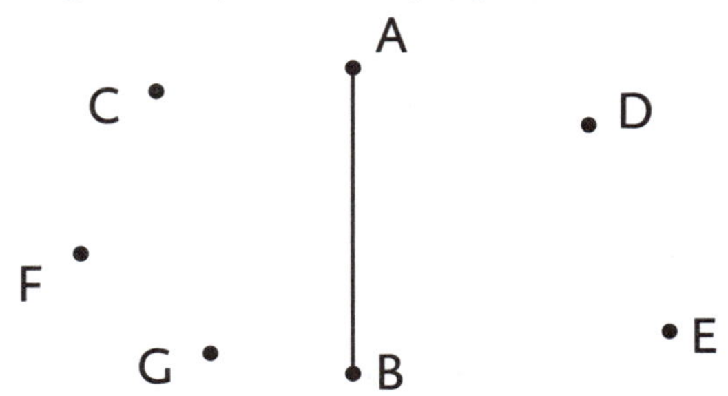

5 **Calcule** 34 + 22 avec la droite numérique.

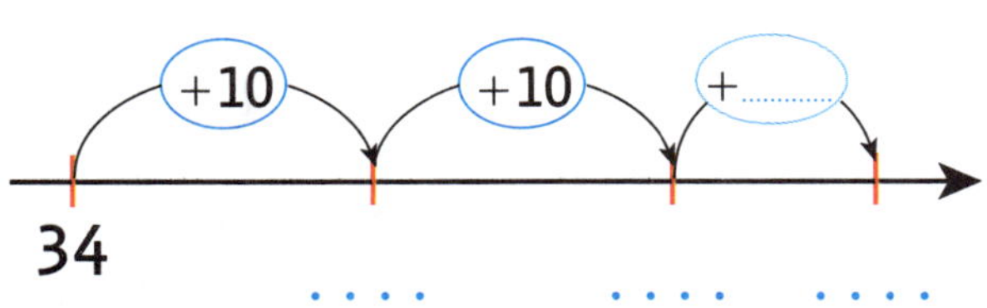

34 + 22 = ...

6 **Écris** la valeur sur chaque pièce et sur chaque billet pour avoir 15 € à chaque fois.

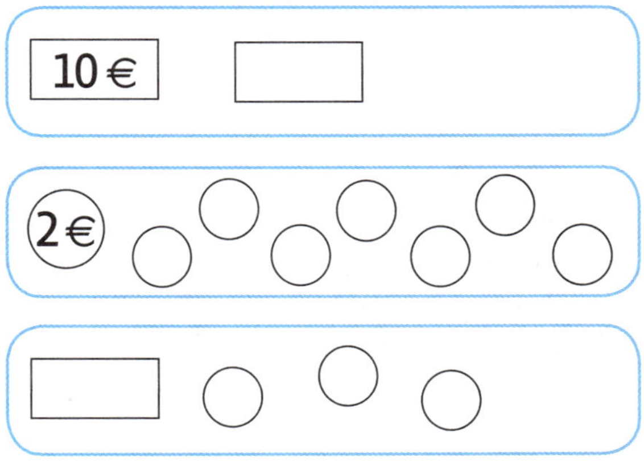

	oui	pas encore
1 Je sais décomposer les nombres en dizaines et unités.		
2 Je sais compter de 5 en 5 en partant de 0.		
3 Je sais comparer des nombres à l'aide de <, =, >.		
4 Je sais tracer des segments en respectant des consignes.		
5 Je sais calculer des sommes avec la droite numérique.		
6 Je sais utiliser la monnaie.		

37 Décomposer les nombres de 2 chiffres

Connaissance des nombres : Échanger 10 billes contre 1 calot. « Combien de calots puis-je avoir contre 12, 35 billes... ? »

Je cherche

1 a. **Observe** et **complète**.

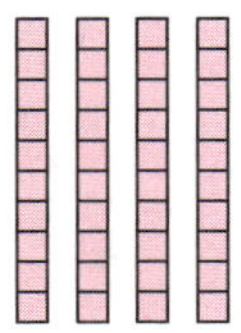	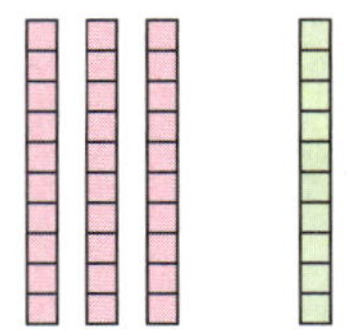	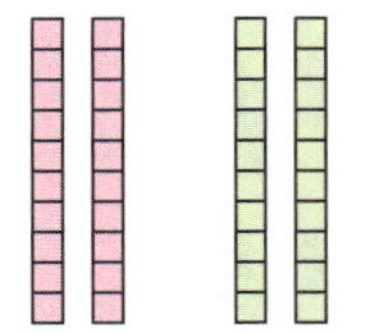
4 d	3 d + 1 d	2 d + ... d
40	30 + ... = ...	.... + ... = ...

b. **Calcule**.

30 + 10 = ...	40 + 10 = ...	10 + 10 + 10 = ...
10 + 10 = ...	20 + 10 = ...	20 + 10 + 10 = ...
10 + 40 = ...	30 + 20 = ...	10 + 10 + 10 + 20 = ...

Je m'entraîne

2 **Relie** les différentes écritures d'un même nombre, comme dans l'exemple.

20 + 10 + 4 ●	● cinquante et un ●	● 30 + 4
40 + 10 + 1 ●	● trente-quatre ●	● 40 + 5
20 + 30 + 3 ●	● quarante-cinq ●	● 50 + 3
20 + 20 + 5 ●	● cinquante-trois ●	● 50 + 1

3 Comme dans l'exemple, **place** 4 pions pour obtenir le résultat indiqué. **Complète**.

30 + 10 + 4 + 1

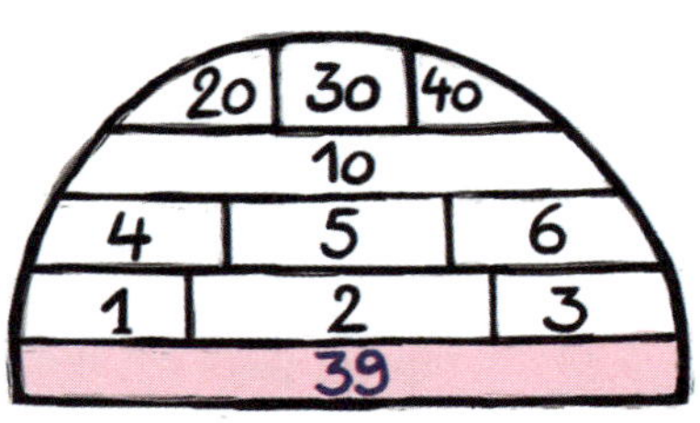

.... + ... + ... + ...

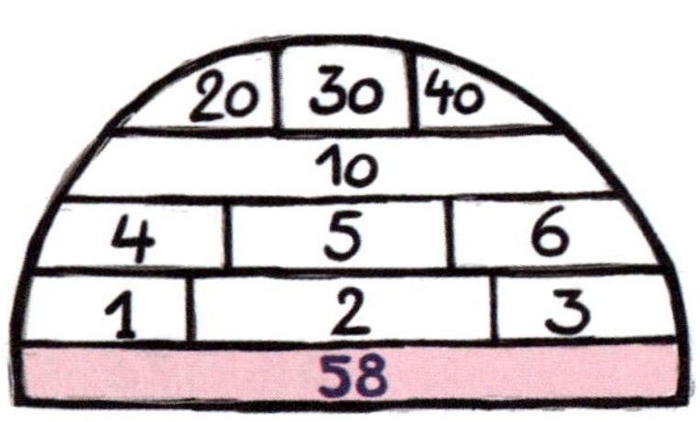

.... + ... + ... + ...

4 Paola a 30 €.

Combien d'argent lui manque-t-il pour acheter le lot de DVD ?

Complète : Il lui manque .... €.

38 Se repérer sur un plan

Calcul mental : Chercher le complément d'un nombre à « la dizaine supérieure. »
Ex. : Que manque-t-il à 48 pour avoir 50 ?

Je m'entraîne

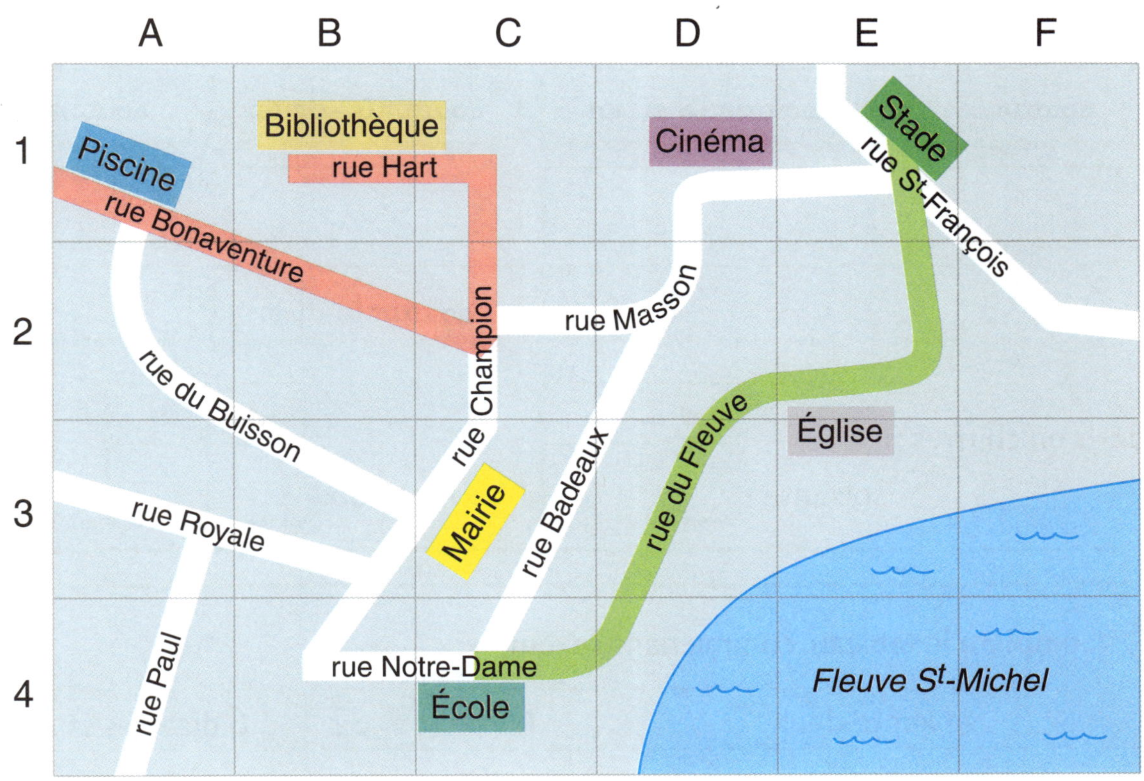

1 **Observe** le plan et **mets une croix** devant la bonne réponse.

La mairie est située dans la case C3.	☐ vrai	☐ faux
La piscine est située dans la case B1.	☐ vrai	☐ faux
Le stade est situé dans la case E2.	☐ vrai	☐ faux
La rue Royale est située dans les cases A3 et B3.	☐ vrai	☐ faux

2 **a.** Jimmy part de l'**école** et se rend à la **bibliothèque**.
Dessine son parcours sur le plan.

b. Écris le nom des rues que Jimmy emprunte :

....

....

....

3 Zoé part du stade pour rentrer à l'école. Elle suit le chemin en **vert** sur le plan.
Indique par quelles cases elle va passer.

(E, 1) (......, ...) (......, ...) (......, ...) (......, ...) (......, ...)

39 Les nombres de 60 à 79

Connaissance des nombres : Compter à partir d'un nombre compris entre 0 et 59 en franchissant la dizaine supérieure.

....

Je cherche

1 **a. Continue** d'écrire les nombres en lettres.

soixante	*soixante et un*	*soixante-deux*	*soixante-trois*
....	....	....	....
....	....	*soixante-dix*	....

b. Écris en chiffres :

soixante

d	u
....	....

soixante-dix

d	u
....	....

Complète :

60 + ...

Je m'entraîne

2 **Complète** le tableau, comme dans l'exemple.

soixante-deux	60 + 2	62	6 dizaines et 2 unités
....	....	66	...... dizaines et ...... unités
....	60 + 14	......	...... dizaines et ...... unités
soixante-treize	....	......	...... dizaines et ...... unités

3 **Relie** les nombres du plus petit au plus grand, comme dans l'exemple.

soixante-quatre — 60 + 6 — 60 + 16 — 79 — 70 + 8

61 — soixante-treize — 77

4 **Complète** les suites de nombres.

60 – 62 – ...... – ...... – ...... – ...... – ...... – ...... – ...... – ......

79 – 78 – 77 – ...... – ...... – ...... – ...... – ...... – ...... – ......

5 **Compare** avec <, = ou >.

60 + 5 . . . . 50 + 20 + 5

30 + 30 + 6 . . . . 30 + 30 + 16

60 + 13 . . . . 60 + 1 + 3

68 + 2 . . . . 60 + 10

40 Recueillir et analyser des données

Calcul mental : Ajouter des dizaines entières (résultats ⩽ 80). *Ex. : 20 + 20, 20 + 30, 20 + 40.*

1 Diego, Éva et Sarah vont à la plage. Ils suivent les conseils pour se protéger du soleil.

Observe le dessin et **réponds** aux questions suivantes :

a. Que leur manquent-ils ?

. . . .

b. Ils peuvent jouer aux boules et aux raquettes.

☐ vrai ☐ faux

c. Ils partent à la bonne heure.

☐ vrai ☐ faux

d. Ils ont une bouée.

☐ vrai ☐ faux

2 Diego, Éva et Sarah reviennent de la plage à 18 h pour voir « Le livre de la jungle » à la télévision.

Observe le programme télévisé et **réponds** aux questions suivantes :

a. Vont-ils pouvoir regarder leur film ? ☐ oui ☐ non

b. Que peuvent-ils voir à cette heure ?

. . . .

c. Combien y a-t-il d'émissions sur le Tour de France et à quelles heures ?

. . . .

Télé météo, sports, infos, films...

Programme

10h	Départ du Tour de France
12h	Journal
12h50	Météo
13h	Foot
14h30	Dessins animés
16h	Film : « Le livre de la jungle »
18h	Arrivée du Tour de France
19h	Journal

41 Calculer des sommes avec des arbres de calcul (1)

Connaissance des nombres : Échanger 10 billes contre 1 calot. *Ex. : combien de billes dois-je donner pour avoir 2, 3 calots... ?*

Je cherche

1 Pour la fête de l'école, Nora et Jimmy ont amené 32 crayons de maquillage. La maîtresse leur donne encore 17 crayons.

Pour calculer le nombre total de crayons, Nora et Jimmy font un **arbre de calcul**.
Complète :

Arbre de calcul de **Nora**

32 + 17
30 + 2 + 10 + 7
..... + ... = ...

Arbre de calcul de **Jimmy**

32 + 17
32 + 10 + 7
..... + 7 = ...

32 + 17 = ...

Je m'entraîne

2 **Calcule** comme **Nora**.

25 + 23
.... + ... + 20 + ...
.... + ... = ...

3 **Calcule** comme **Jimmy**.

38 + 24
.... + 20 + ...
.... + ... = ...

4 **Calcule** comme **Nora** ou comme **Jimmy**.

43 + 18

....

....

26 + 33

....

....

5 Hugo a cueilli 23 pommes, Luc en a cueilli 12 et Zoé 34.
Combien ont-ils de pommes en tout ?

Calcule 23 + 12 + 34
en utilisant la méthode de ton choix.

Complète : Ils ont .... pommes en tout.

42 Repérer des nœuds sur un quadrillage

Calcul mental : Mémoriser des décompositions additives de 15 à 18.

Je cherche

1 **a. Place** les points sur le quadrillage.

R	(b, 1)	S	(c, 3)
T	(e, 3)	U	(f, 1)
V	(f, 6)	W	(d, 7)
X	(b, 6)		

Les points se placent là où se croisent les lignes. On les appelle des nœuds.

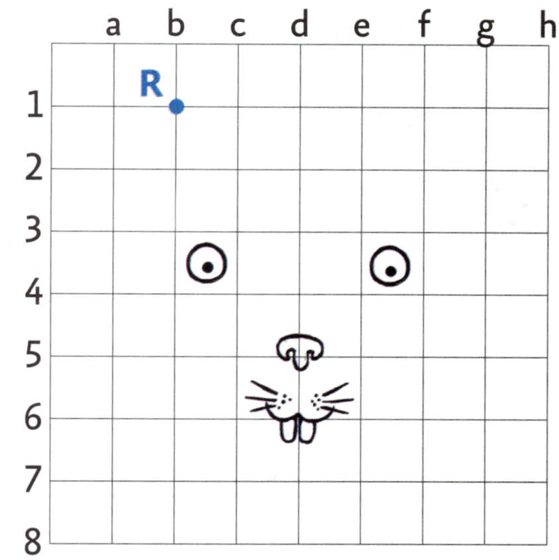

b. Relie-les dans l'ordre alphabétique.

c. Joins les points X et R.

Complète :
Le dessin obtenu est un ……………………

Je m'entraîne

2 **a. Colorie :**

- en **bleu** les ronds en (D, 5) et (B, 1)
- en **rouge** les ronds en (H, 4) et (A, 3)
- en **vert** les ronds en (B, 4) et (G, 2)
- en **jaune** les ronds en (E, 1) et (F, 5)

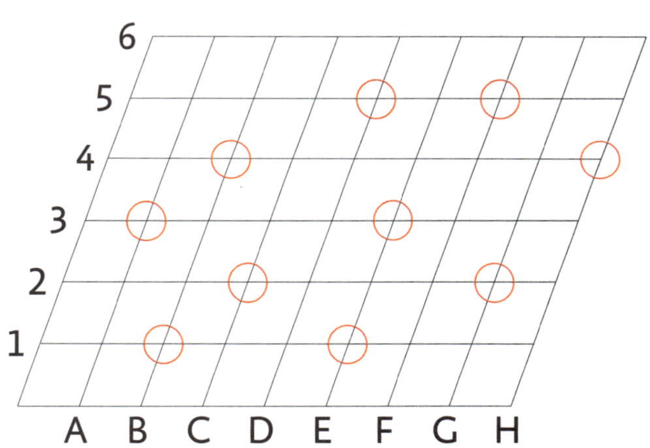

b. Complète :
Les ronds qui ne sont pas coloriés sont

sur les nœuds (……, ……)

et (……, ……).

3 **a. Dessine** le chemin suivi par Luc pour aller à l'école.

→	→	↑	↑	↑	→	→	↑	←	↑	→	→	↑

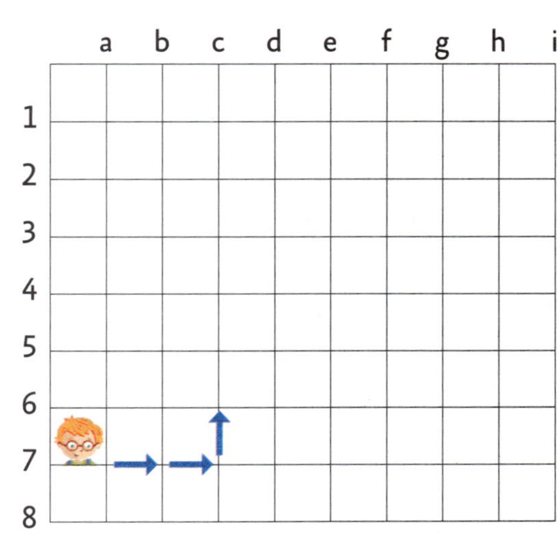

b. Complète :
L'école se trouve sur le nœud (……, ……).
Trace-le.

43 Les nombres de 80 à 99

Calcul mental : Reconnaître des décompositions additives de nombres jusqu'à 10.

Je cherche

1 La puce se déplace de 20 en 20 en partant de 0.

- **Complète** et **trouve** le nombre sur lequel elle arrive.

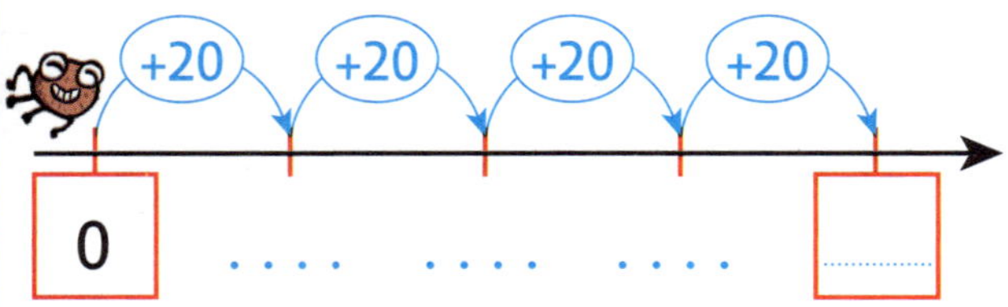

- **Complète** :

20 + 20 + ... + ... = ...

- **Écris** le nombre en lettres :

quatre-.......................

2 **Calcule** en faisant des sauts et **complète** :

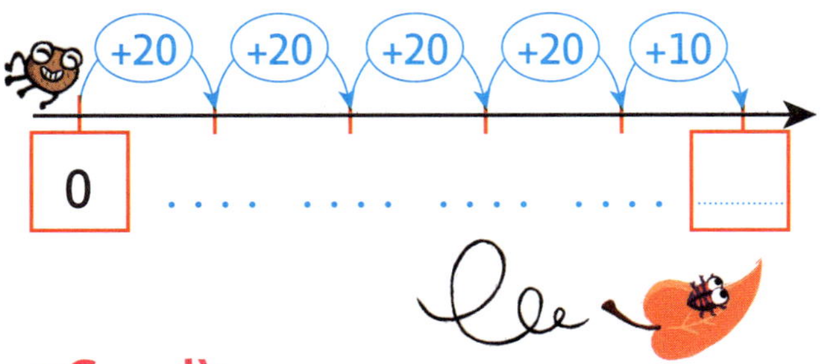

- **Complète** :

20 + ... + ... + ... + ... = ...

- **Écris** le nombre en lettres :

.............-.............-......

Je m'entraîne

3 **Complète** le tableau, comme dans l'exemple.

quatre-vingt-trois	80 + 3	83
....	80 + 2	....
....	80 + 8	....
....	....	85

4 **Complète** le tableau, comme dans l'exemple.

quatre-vingt-onze	80 + 11	91
....	80 + 12	....
....	80 + 16	96
....	....	99

5 **Continue** de compter et **complète**.

77 – 79 – 81 – .... – .... – 87 – .... – 91 – .... – .... – 97

6 **Complète**.

80 + 10 | 70 + ... | 60 + ... | 50 + ... | **90**

7 **Calcule** avec un arbre de calcul.

86 + 13

80 + ... + ... + ...

.... + ... = ...

69 + 15

.... + 9 + ... + 5

.... + ... = ...

44 Bilan-Révisions

1 **Colorie** 3 cases pour obtenir le total indiqué et **complète**.

20	30	40
	10	
4	5	6
1	2	3

31

. . . . + ... + ...

20	30	40
	10	
4	5	6
1	2	3

43

. . . . + ... + ...

20	30	40
	10	
4	5	6
1	2	3

56

. . . . + ... + ...

2 **Relie** du plus **petit** au plus **grand**.

60 → 60 + 3

60 + 5

72

soixante-neuf

soixante-treize

60 + 15

76

77

70 + 8

3 **Calcule**.

39 + 23

30 + ... + 20 + ...

. . . . + ... = ...

4 **Complète** le tableau.

quatre-vingt-deux	80 + 2	82	
....	80 + 6	....	
quatre-vingt-treize	80 + ...	....	90 + 3
....	80 + 14	....	90 + ...
....	....	97	....
....	....	....	90 + 8

5 **Complète** :

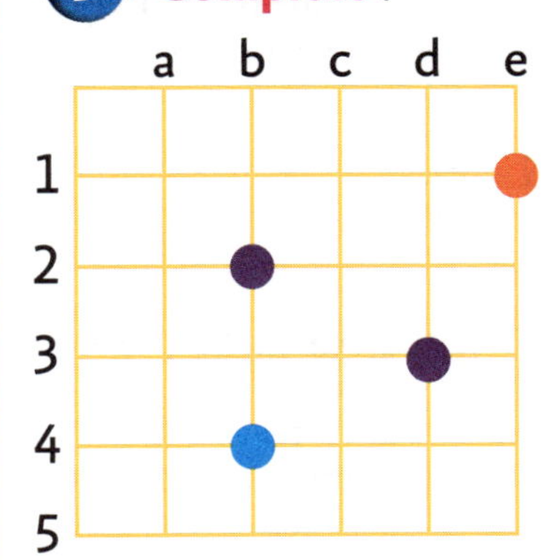

● est sur (........ , ...)

● est sur (........ , ...)

	oui	pas encore
1 Je sais décomposer des nombres de deux chiffres.		
2 Je sais ordonner les nombres de 60 à 79.		
3 Je sais calculer des sommes avec un arbre de calcul.		
4 Je sais décomposer les nombres de 80 à 99.		
5 Je sais repérer des nœuds sur un quadrillage.		

45 Comparer et ordonner les nombres jusqu'à 99

Calcul mental : Calculer en ligne des additions sans retenue.

[ ] [ ] [ ] [ ] [ ]

Je cherche

1 • **Compte** de 10 en 10 et **complète** les étiquettes **bleues** :

0 — 10 — 20 — ..... — ..... — ..... — ..... — ..... — ..... — 90

• **Place** les nombres sur la droite :

48 58 41 65 92 95 7 84 77 29 34 18

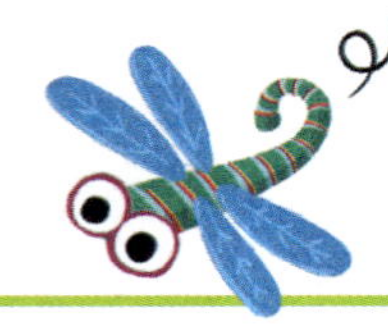

Je m'entraîne

2 **Complète** le tableau, comme dans l'exemple.

nombre avant	nombre	nombre après
quarante	41	quarante-deux
.....	.....	vingt
.....	60	.....
.....	.....	soixante-douze
quatre-vingts	.....	.....

3 **Place** un nombre qui convient, comme dans l'exemple.

40 — 43 — 48 — 50

70 — 78 — ..... — 90

85 — ..... — ..... — 95

4 **Compare** avec <, = ou >.

soixante-quatre	.....	soixante et onze	
quarante	.....	quarante-huit	
quatre-vingt-cinq	.....	trente-neuf	

77 58

39 91

66 26

60 ..... 30 + 30

60 + 12 72

90 + 2 93

5 **Relie** les nombres de 2 en 2, du plus grand au plus petit.

96 94 93 95 92 90 91 87 89 88 84 85 86 83 80 82 81

46 Reproduire une figure (1)

Connaissance des nombres : Compter à partir d'un nombre < 99 dans l'ordre croissant ou décroissant en franchissant des dizaines. *Ex. : compter de 48 à 60.*

Je cherche

1 À l'aide du quadrillage, **reproduis** la maison.

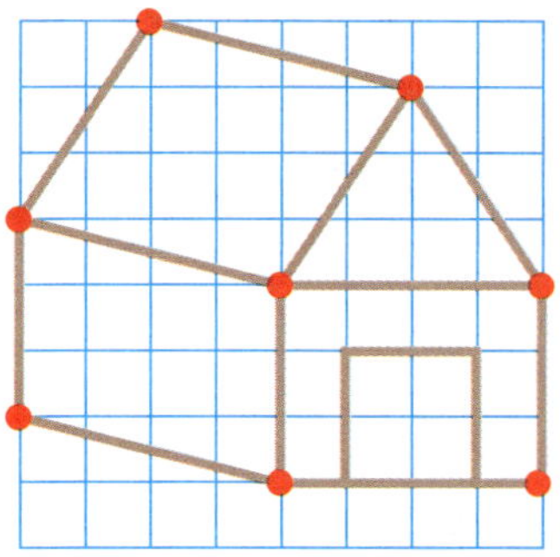

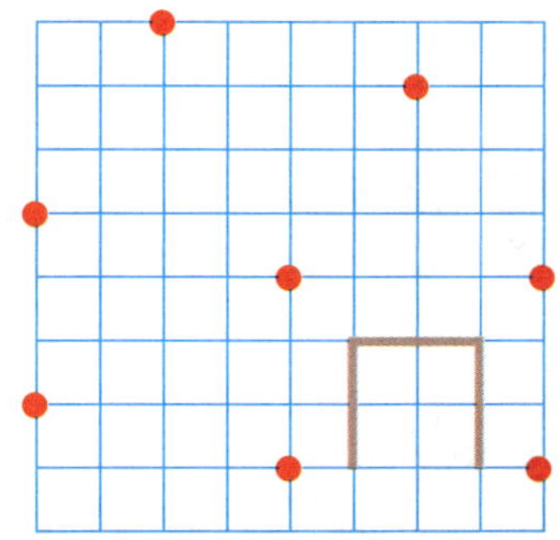

Je m'entraîne

2 **Reproduis** le dessin sur le grand quadrillage.

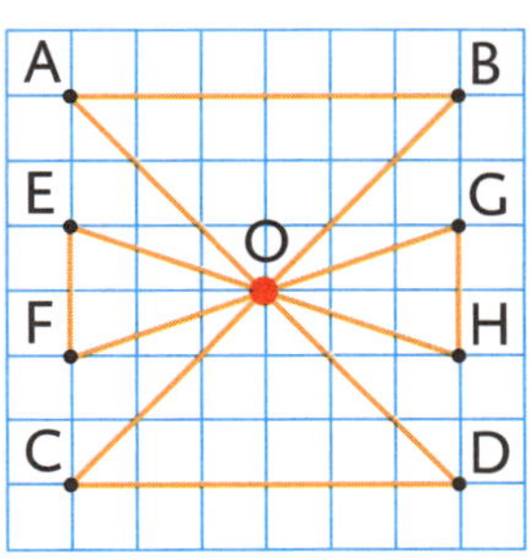

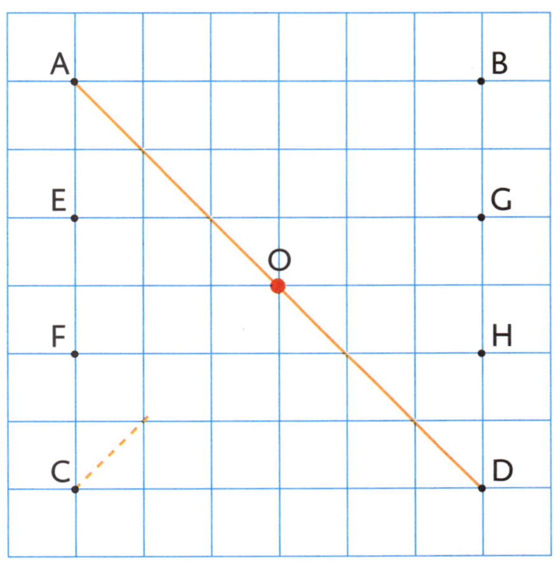

3 À l'aide des lettres, **reproduis** le dessin sur le petit quadrillage.

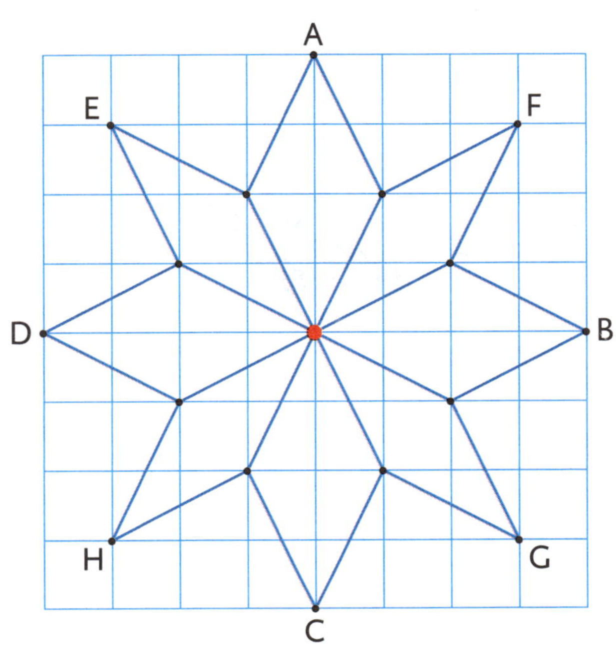

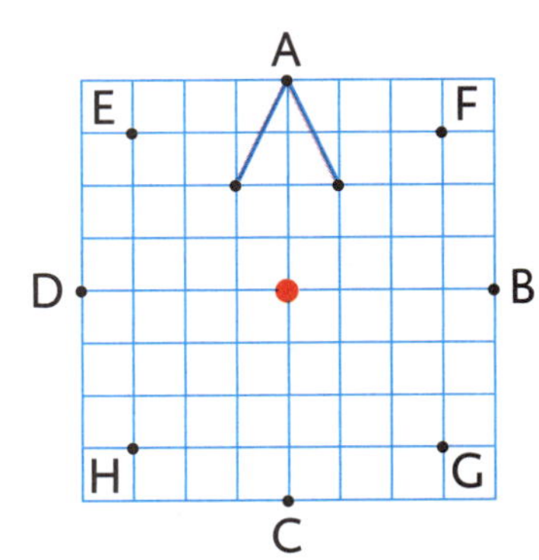

47 L'addition en colonnes (1)

Connaissance des nombres : Trouver le plus grand ou le plus petit de deux nombres compris entre 0 et 99.

Je cherche

1 **a.** Luc et Sarah rangent la classe. Ils mettent 10 crayons par pot.
Pour calculer le nombre total de crayons, on pose une addition. **Complète :**

	(pots)	(crayons)
	3	4
+	2	5
=	.	.

ou

	d	u
	.	.
+	.	.
=	.	.

b. Complète :

En tout, **combien** de pots sont complets ? . . . . **Combien** reste-t-il de crayons ? . . . .

Je m'entraîne

2 **Complète** (● ● ● ● ● ● ● ● ● ● → ●) et **dessine** :

d	u		d	u		d	u
●●	●	+	●●●	●●●●●	=	●●●●●	●●●●●●
2	1	+	.	.	=	.	.

d	u		d	u		d	u
●●●●	●●●	+	●●	●●●●●	=		
.	.	+	.	.	=	.	.

3 **Complète :**

	d	u
	●●●●	●●●●●●●
+	●	●●●

	d	u
	4	6
+	1	3
=	.	.

4 **Calcule :**

	d	u
	5	2
+	2	6
=	.	.

	d	u
	1	4
	2	2
+	1	2
=	.	.

5 **Pose** et **calcule** les additions.

12 + 46

32 + 13

11 + 21 + 35

48 Lire l'heure (1)

Connaissance des nombres : Compter de 5 en 5 de 0 à 95 dans l'ordre croissant.

Je cherche

1 C'est le matin. **Écris** l'heure sous chaque pendule.

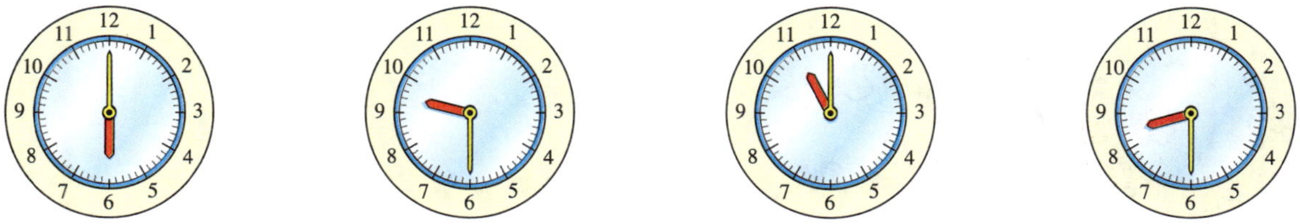

...... h ...... h ...... h ...... h

Je m'entraine

2 Voici un extrait de programme de télévision.

PROGRAMME Télé

12h	Allô Docteur
13h	Journal
13h30	Dessins animés
15h30	Musique
18h	La vie des animaux

a. Réponds aux questions :

Quelle émission commence à 18 h ?

....

Lucien part au travail à 13 h. Quelle émission peut-il regarder avant de partir ?

....

b. Écris le nom des émissions sous chaque pendule.

3 **Dessine** les aiguilles.

7 h 30 | 21 h | 12 h 30 | 10 h 30

49 L'addition en colonnes (2)

Connaissance des nombres : Insérer un nombre entre 2 dizaines consécutives de 0 à 90.

Je cherche

1 **a.** Paola et Zoé font des guirlandes de 10 étoiles.

Paola

Zoé

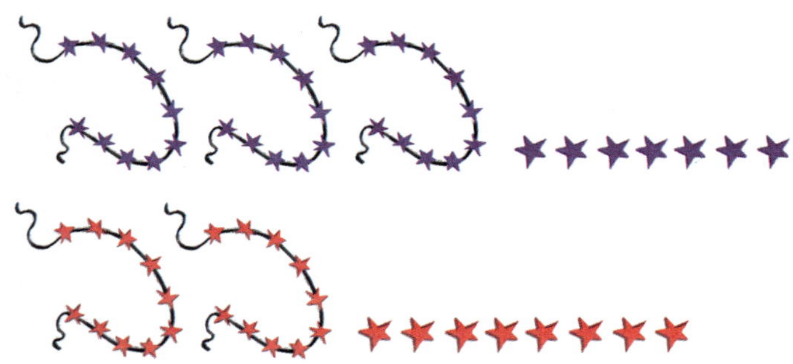

Complète : **Combien** reste-t-il d'étoiles en tout ? ....

Ont-elles assez d'étoiles à elles deux pour faire une autre guirlande ? ....

b. Complète l'addition :

	d	u
	[1] 3	7
+	2	8
=	.	.

7 + 8 = 15

Je m'entraîne

2 **Dessine** et **complète**, comme dans l'exemple (●●●●●●●●●● → ●) :

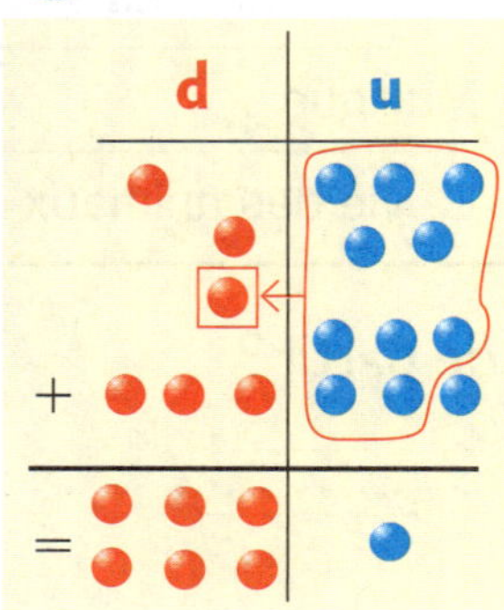

	d	u
	[1] 2	5
+	3	6
=	6	1

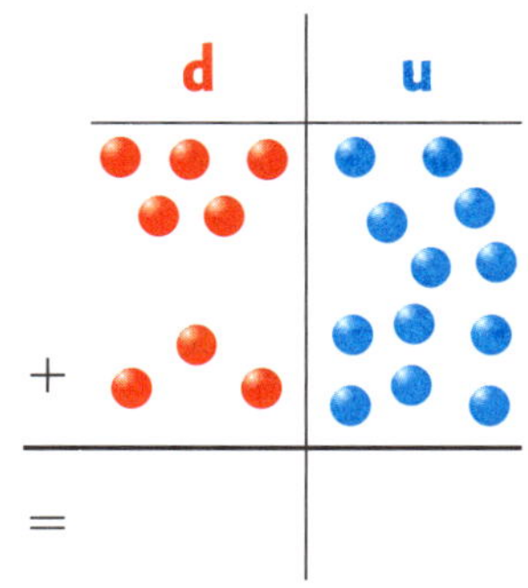

	d	u
	.	.
+	.	.
=	.	.

3 **Effectue** les additions.

	d	u
	1	8
+	2	4
=	.	.

	d	u
	3	6
+	2	4
=	.	.

	d	u
	4	2
+	1	7
=	.	.

	d	u
	2	3
+	4	2
+	1	6
=	.	.

	d	u
	1	9
+		2
+	1	5
=	.	.

4 **Pose** et **effectue** les additions.

25 + 16

	.	.
+	.	.
=	.	.

38 + 15

	.	.
+	.	.
=	.	.

11 + 12 + 29

	.	.
+	.	.
+	.	.
=	.	.

50 Reproduire une figure (2)

Calcul mental : Ajouter un nombre compris entre 10 et 20 en décomposant d et u (résultats ≤ 99).
Ex. : 47 + 13 = 47 + 10 + 3.

Je m'entraine

1 À l'aide du gabarit de la fiche cartonnée n° 1, **reproduis** la figure.

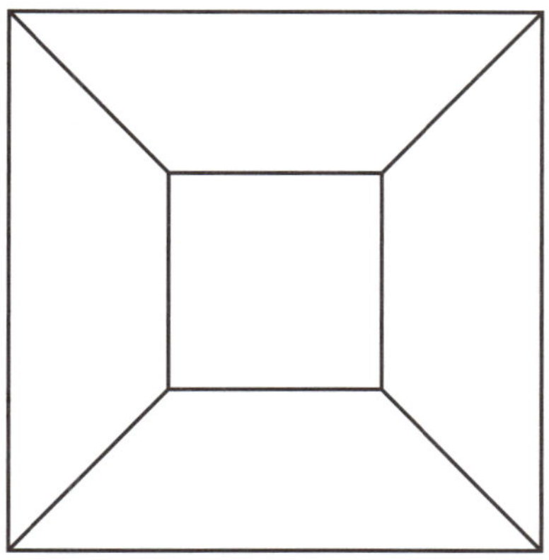

2 À l'aide du gabarit , **reproduis** la figure sur ton cahier.

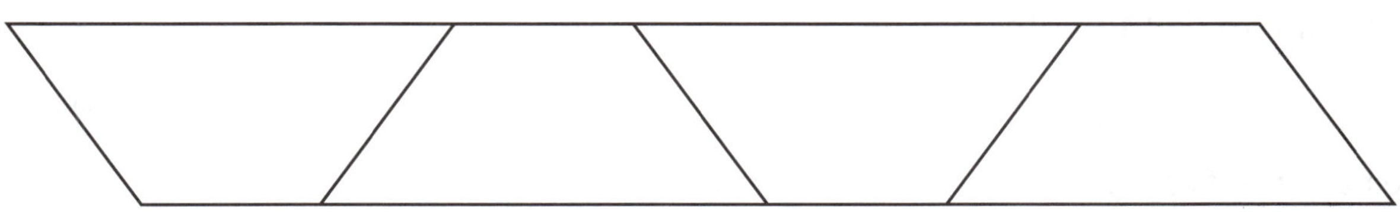

3 **Complète** la frise à l'aide du gabarit et du modèle :

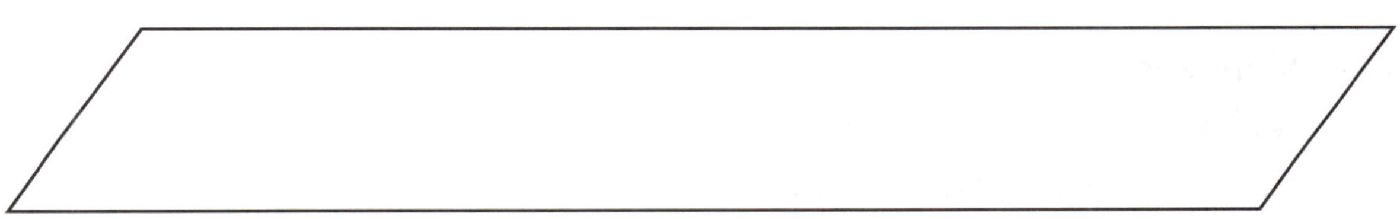

4 **Reproduis** la figure **en plus grand** à l'aide des gabarits et .
Colorie la nouvelle figure de la même manière.

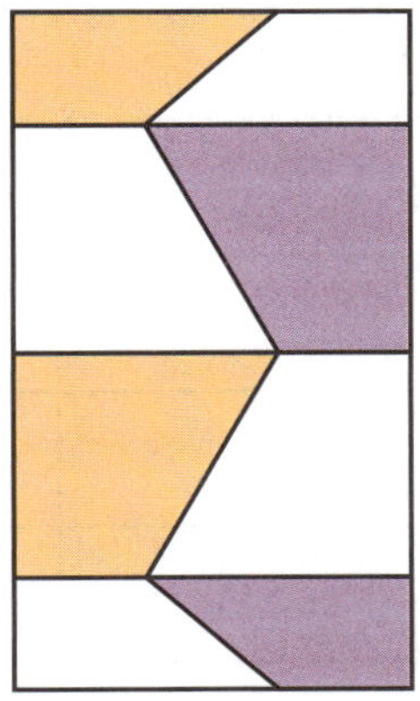

51 Repérer les données utiles

Calcul mental : Écrire des décompositions soustractives des nombres de 13 à 15 en utilisant les décompositions additives. (8 + 4 = 12, 12 – 4 = 8, 12 – 8 = 4)

1 Hugo habite dans un appartement qui se trouve dans un immeuble de 4 étages. À chaque étage, il y a 6 appartements.

a. Coche les données qui manquent dans l'énoncé pour pouvoir rendre visite à Hugo :

La ville où habite Hugo.	
Le nom de la rue.	
Le nombre d'appartements par étage.	
La couleur de l'immeuble.	
Le numéro de l'immeuble.	
Le nombre d'étages de l'immeuble.	
L'étage où habite Hugo.	
Le nombre de personnes qui vivent dans chaque appartement.	
Le numéro de l'appartement de Hugo.	

b. Entoure dans l'énoncé les informations utiles pour trouver le nombre d'appartements dans l'immeuble.

Écris l'opération : ....

Complète : Il y a .... appartements dans l'immeuble.

2 Monsieur Peloux reçoit le matériel qu'il a commandé pour les 25 élèves de sa classe. Il remarque que des objets n'ont pas été livrés : il lui manque 2 albums à 14 € l'un, 2 dictionnaires à 7 € l'un et 3 romans à 5 € l'un.

a. Monsieur Peloux doit commander ce qui manque. **Aide**-le à compléter le bon de commande.

Librairie Fontaine
Bon de commande

Article	Prix unitaire	Nombre d'articles	Opération	Prix
Albums	14 €	....	....	.... €
Dictionnaires	.... €	2	....	.... €
Romans	.... €	....	....	.... €
Montant total à payer :				.... €

b. Souligne dans l'énoncé les données que tu as utilisées.

52 Bilan-Révisions

1 **Écris** l'heure sous chaque pendule.

C'est le **matin**.		C'est l'**après-midi**.	

.... h	.... h	.... h	.... h

2 **Reproduis** la figure à l'aide des points.

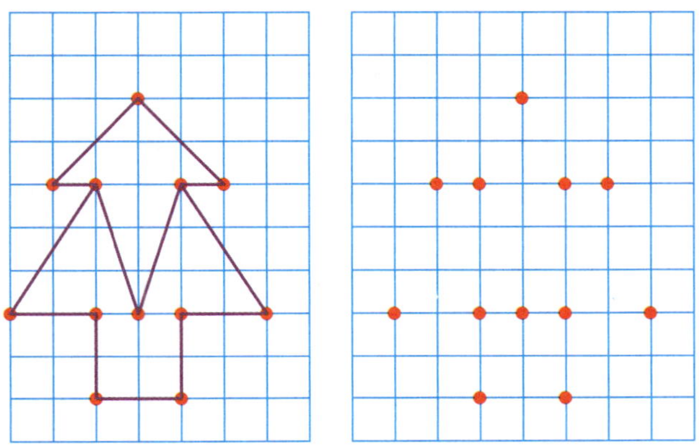

3 **Relie** les nombres de 5 en 5.

25 30 33 70 74
35 45 65 75
40 50 60 80
55 58 85
95 91 90

4 **Pose** et **effectue** les additions.

27 + 41

35 + 21 + 13

5 **Pose** et **effectue** les additions.

39 + 28

15 + 13 + 26

	oui	pas encore
1 Je sais lire l'heure.		
2 Je sais reproduire une figure.		
3 Je sais compter de 5 en 5.		
4 Je sais effectuer une addition sans retenue.		
5 Je sais effectuer une addition avec retenue.		

53 Le nombre 100, la centaine

Calcul mental : Ajouter un nombre compris entre 20 et 50 en le décomposant (résultats ⩽ 99).
Ex. : 25 + 22 = 25 + 20 + 2 = 45 + 2 = 47.

Je cherche

1 a. Entoure en **rouge** chaque paquet de 10 billes.

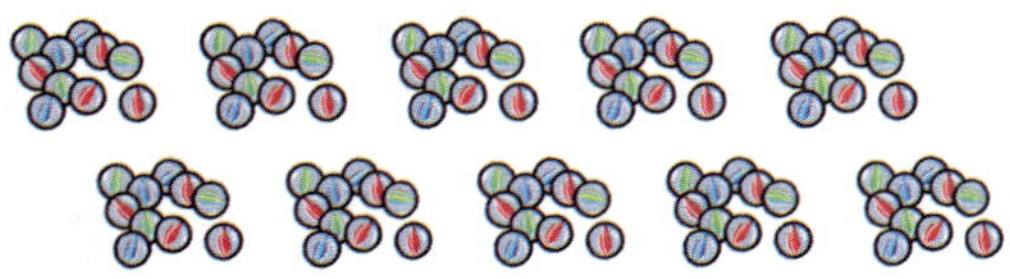

Combien de dizaines as-tu entourées ?

Complète : . . . . dizaines de billes.

b. Entoure en **vert** les 10 dizaines de billes pour former un paquet de 100 billes.

Complète le tableau en écrivant 100 en chiffres :

c	d	u
.	.	.

10 paquets de 10 billes = 10 dizaines
= 1 centaine
= 100 unités

Je m'entraîne

2 Dessine les boîtes de 10 crayons qui manquent pour avoir 100 crayons.

3 Dessine les cubes qui manquent pour avoir une centaine de cubes.

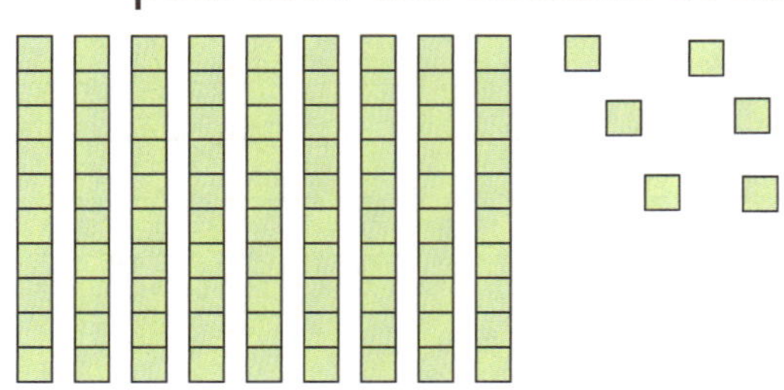

4 Trouve la règle et **complète**.

.....	87	88	.....	90	91	.....	.....	.....	.....	.....	97	.....	.....	100

5 Compte de 10 en 10 et **complète**.

0 – 10 – 20 – . . . . – . . . . – . . . . – . . . . – . . . . – . . . . – . . . . – . . . .

6 Relie les étiquettes 3 par 3 pour former une centaine, comme dans l'exemple.

5 dizaines — 3 dizaines — 2 dizaines

7 dizaines

5 dizaines

1 dizaine

2 dizaines

1 dizaine

4 dizaines

54 Utiliser l'équerre (1)

Connaissance des nombres : Encadrer un nombre entre deux nombres donnés.
Ex. : entre 75 et 83, je peux placer 79.

Je cherche

1 **Fabrique** une **équerre** de papier :

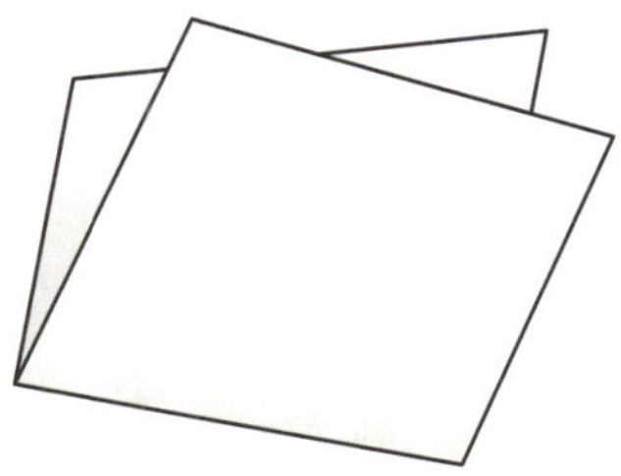

a. Plie en 2 une feuille de papier.

b. Replie-la une 2e fois en 2.

c. Colorie le coin en **rouge**. On appelle ce coin un **angle droit**.

Je m'entraîne

2 Avec ton **équerre** de papier, **trouve** les **angles droits** et **colorie**-les en **rouge**.

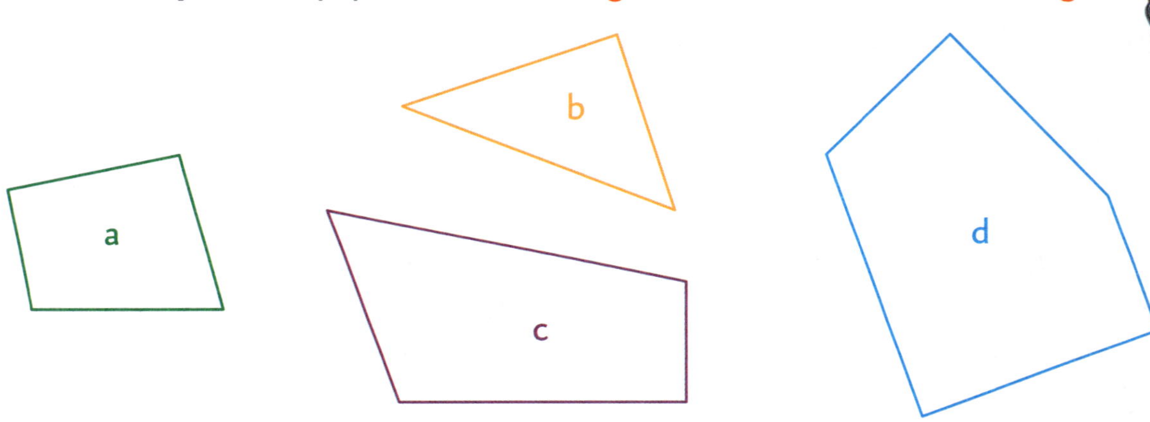

3 **a. Utilise** ton équerre de papier et **complète** les phrases.

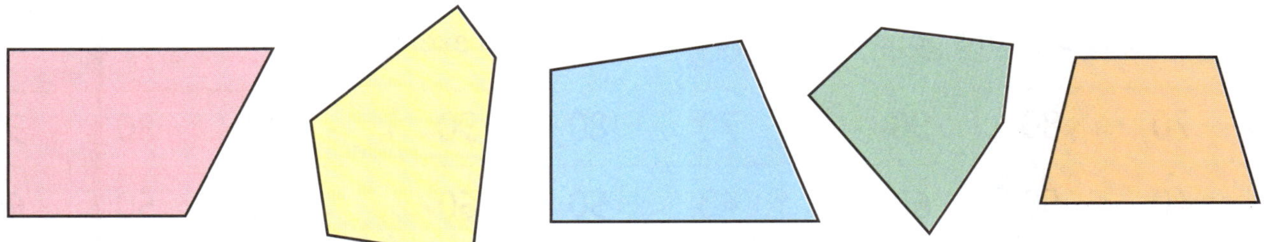

La **figure bleue** a 4 côtés et 1 angle droit.

La **figure rose** a . . . . côtés et . . . . angles droits.

La **figure verte** a . . . . côtés et . . . . angles droits.

b. Quelle figure n'a pas d'angle droit ?

Complète : C'est la figure . . . .

55 Compléter à 100

Connaissance des nombres : Écrire les nombres se terminant par 0 avec des dizaines. *Ex. : 30 = 10 + 10 + 10.*

Je cherche

1 Complète pour obtenir une centaine (c).

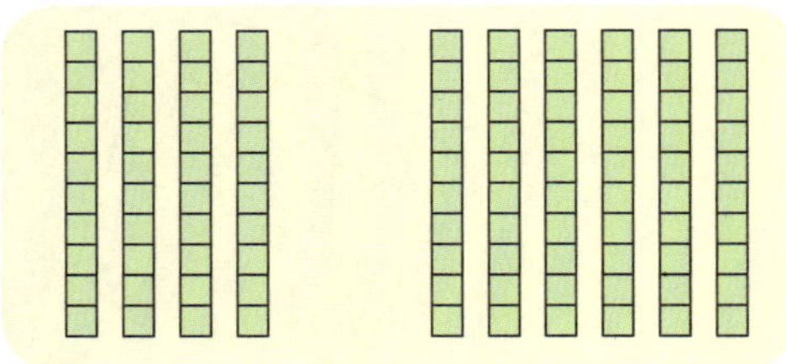

4 d + 6 d = 1 c

40 + ... = 100

3 d + ... d = 1 c

30 + ... = 100

Je m'entraîne

2 Complète les écritures.

10 + ... | 20 + ... | 30 + ... | 40 + ... | 50 + ... | 60 + ... | 70 + ... | **100**

3 Complète pour aller à 100.

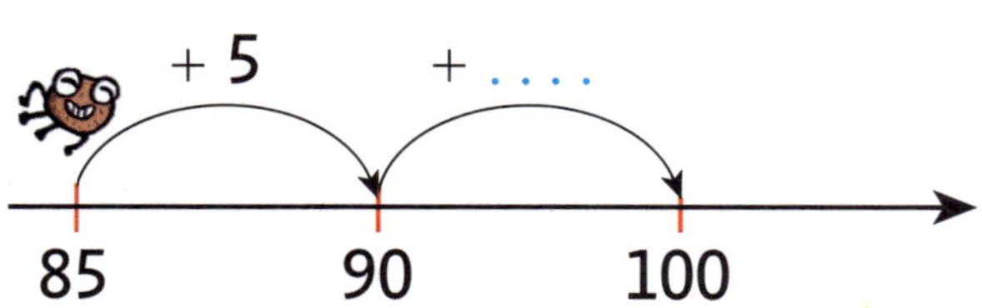

85 + 5 + ... = 100

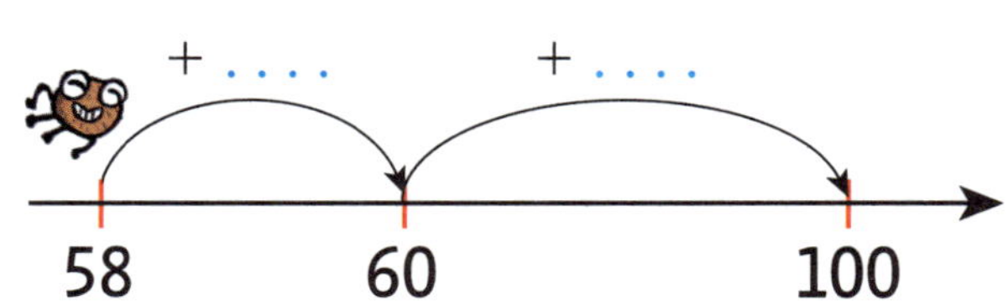

58 + ... + ... = 100

4 Place 3 jetons pour obtenir 100, comme dans l'exemple.

70	80	90
40	50 ●	60
10	20 ●	30 ●

70	80	90
40	50	60
10	20	30

70	80	90
40	50	60
10	20	30

5 Éva prend le TGV de Paris à Marseille. Il y a 100 places dans la voiture.
32 voyageurs se sont installés à gauche de l'allée
et 28 voyageurs se sont installés à droite.
Combien de places sont libres ? **Écris** ta réponse :

....

56 Problèmes de longueur

Calcul mental : Calculer des sommes de 2 nombres en décomposant les termes
→ *35 + 12 = 30 + 10 + 5 + 2 = 30 + 10 + 7 = 47.*

Je cherche

1 **Mesure** le segment CD et **trace** un segment EF plus **long** de 2 cm.

2 **Mesure** la ligne brisée et **trace** un segment KL plus **court** de 2 cm.

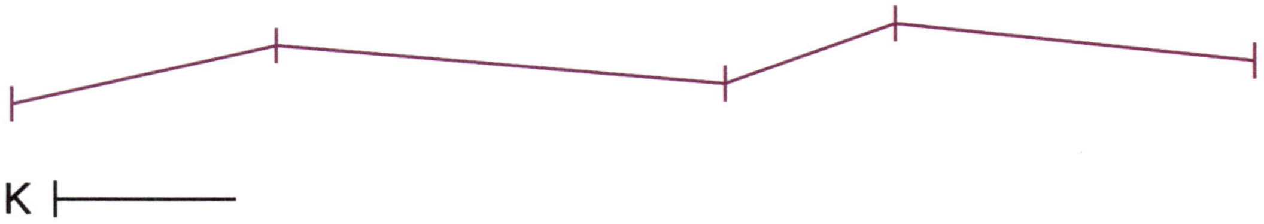

Complète : Le segment KL mesure . . . . cm.

Je m'entraîne

3 En partant du point Y, **trace** une ligne brisée formée de 4 segments et dont la **longueur** totale est de 16 cm.

Y •

Complète :

Mesure du 1er segment : . . . . cm

Mesure du 2e segment : . . . . cm

Mesure du 3e segment : . . . . cm

Mesure du 4e segment : . . . . cm

Mesure totale de la ligne brisée : 16 cm

4 **Trace** les figures suivantes :

- un rectangle **A** de 8 cm de **longueur** et de 2 cm de **largeur** ;
- un rectangle **B** de 10 cm de **longueur** et de 1 cm de **largeur** ;
- un carré **C** de 3 cm de côté.

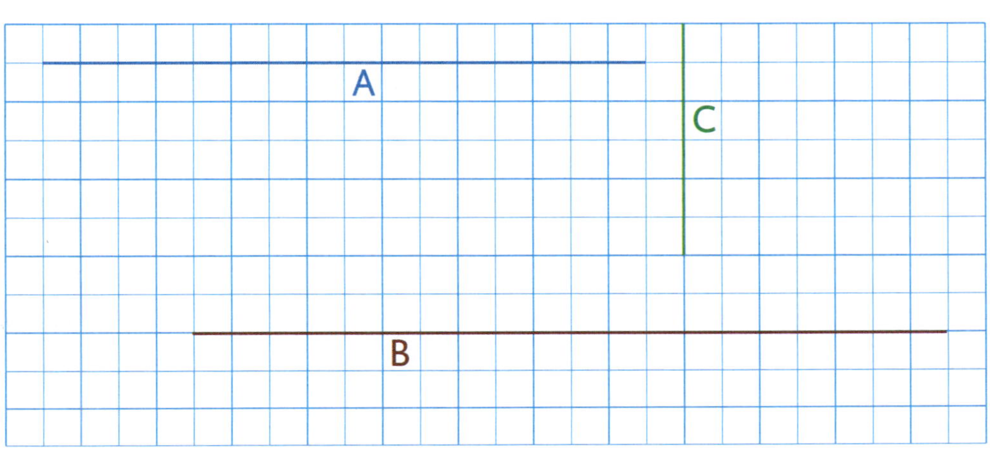

57 Doubles et moitiés

Calcul mental : Retrancher 10 à un nombre compris entre 0 et 100.

....	....	....	....	....

Je cherche

1 Complète.

9 + 9 = ...

.... est le **double** de 9.

9 est la **moitié** de ....

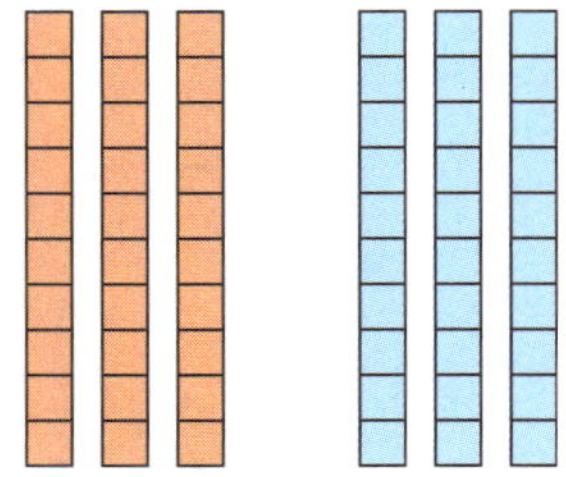

30 + 30 = ...

.... est le **double** de 30.

30 est la **moitié** de ....

12 + 12 = ...

.... est le **double** de 12.

12 est la **moitié** de ....

Je m'entraine

2 Colorie de la même couleur les nombres et leur **double**, comme dans l'exemple.

13 22 12 14 8 7 16 10 5 11 6 26

3 Relie chaque nombre à sa **moitié**, comme dans l'exemple.

10 20 40 60 80

15 5 20 10 40 100 30

4 Complète, en te servant des **doubles** que tu connais.

le double de 10	....
le double de 2	....
le double de 12	....

le double de 10	....
le double de 5	....
le double de 15	....

le double de 20	....
le double de 4	....
le double de 24	....

5 Complète, en te servant des **moitiés** que tu connais.

la moitié de 30	....
la moitié de 6	....
la moitié de 36	....

la moitié de 60	....
la moitié de 10	....
la moitié de 70	....

la moitié de 80	....
la moitié de 10	....
la moitié de 90	....

58 Résoudre des problèmes additifs et soustractifs

Calcul mental : Retrancher 11, en retranchant 10 puis 1 à un nombre compris entre 0 et 99. Retrancher 12 de la même façon.

Lis attentivement chaque problème. **Écris** l'opération et **complète** la réponse.

1 Dans un bouquet, il y a 37 roses et 25 violettes.

Combien y a-t-il de fleurs en tout ? ....

En tout, il y a .... fleurs.

2 Avant la récréation, Mehdi avait 48 billes. Pendant la récréation, il en perd 12.

Combien lui reste-t-il de billes après la récréation ? ....

Après la récréation, il reste .... billes à Mehdi.

3 Dans une classe de 29 élèves, il y a 14 filles.

Combien y a-t-il de garçons ? ....

Dans la classe, il y a .... garçons.

4 Zoé fait des courses. Elle a 97 €. À son retour, il lui reste 36 €.

Combien a-t-elle dépensé ? ....

Zoé a dépensé .... €.

5 Luc a 34 autocollants. Sally donne ses autocollants à Luc. Il en a maintenant 68.

Combien d'autocollants avait Sally ? ....

Sally avait .... autocollants.

Lis attentivement chaque problème et **résous**-le. **Écris** l'opération et la phrase de réponse.

6 Au jeu de l'oie, Sarah est sur la case 39. Elle recule de 6 cases après avoir lancé son dé. Sur quelle case arrive-t-elle ?

....

7 Au jeu de l'oie, Thomas recule de 5 cases et arrive sur la case 43.
De quelle case est-il parti ? ....

59 Calculer des différences avec la droite numérique

Connaissance des nombres : Trouver un nombre qui précède un nombre donné compris entre 0 et 99.

Je cherche

1 Hugo a 77 € dans son porte-monnaie. Il veut acheter un avion qui coûte 16 €.

Voilà ce qu'il donne pour payer : 

Calcule ce qu'il lui reste en complétant les cases :

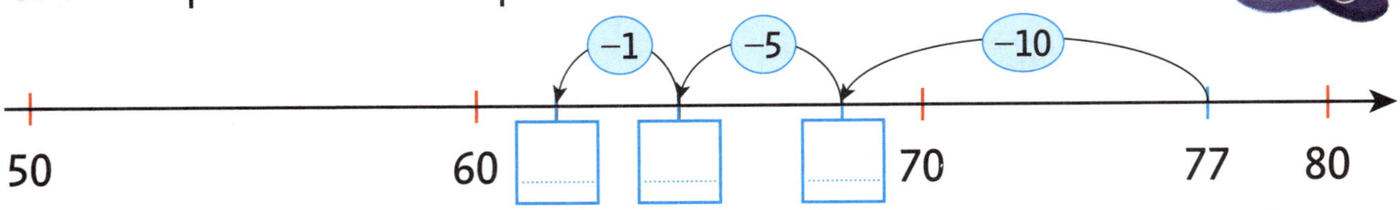

Complète : Il lui reste . . . . €. On écrit 77 – 16 = ...

2 Nora a 58 €. Elle achète un globe qui coûte 22 €.
Combien lui reste-t-il d'argent ? **Complète** :

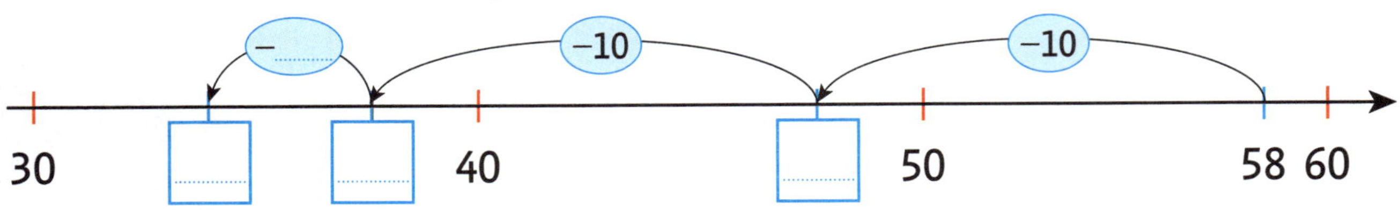

Il lui reste . . . . €. On écrit 58 – 22 = ...

Je m'entraine

3 **Complète** les cases et **calcule** les différences.

48 – 25 = ...

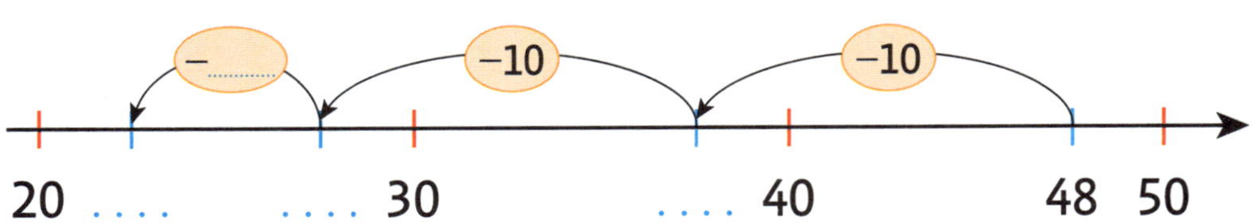

74 – 21 = ...

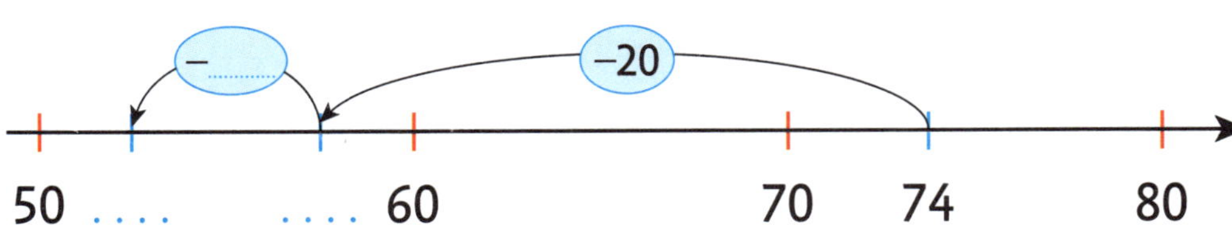

4 **Complète** pour calculer 55 – 32 de deux façons.

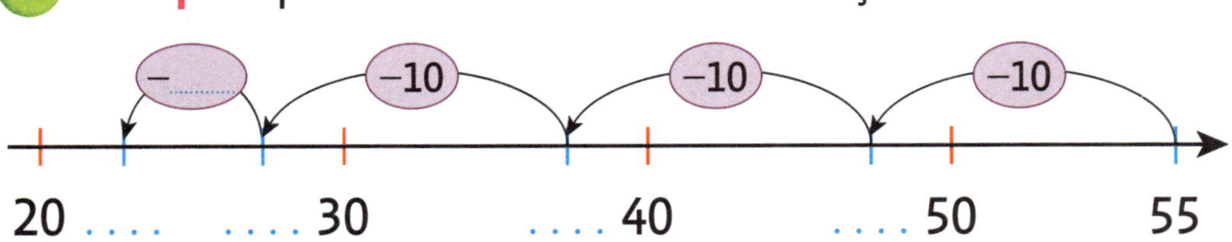

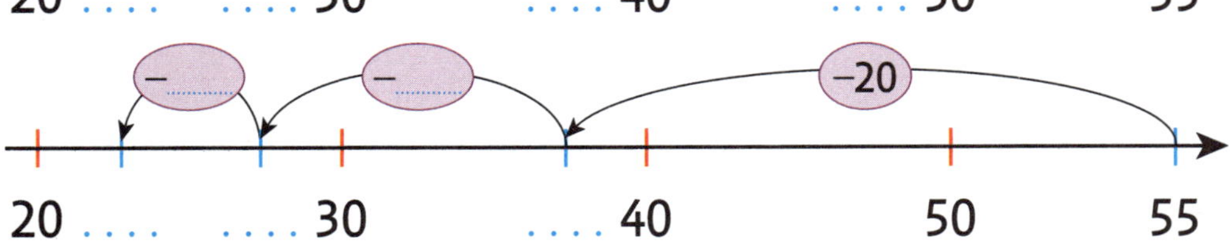

55 – 32 = ...

60 Bilan-Révisions

1 **Dessine** les billets de 10 € qui manquent pour avoir 100 €.

10 €	10 €
10 €	10 €

Complète : 100 = ... dizaines

= . . . . unités

2 **Complète** à 100.

90 + 10	50 + ...
. . . . + 20	. . . . + 85
65 + ...	20 + 50 + ...
70 + ...	
60 + 10 + ...	

3 **Calcule** le **double** de 17 et la **moitié** de 48.

le double de 7	. . . .
le double de 10	. . . .
le double de 17	. . . .

la moitié de 8	. . . .
la moitié de 40	. . . .
la moitié de 48	. . . .

4 Avec ton **équerre de papier**, **marque** les angles droits en **rouge**.

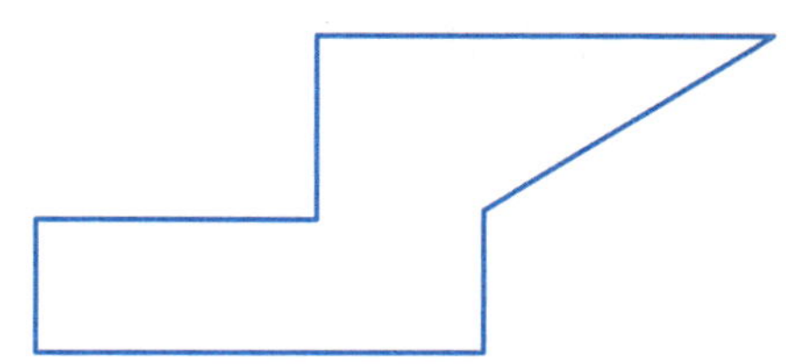

5 **Calcule** 88 – 24 à l'aide de la droite numérique.

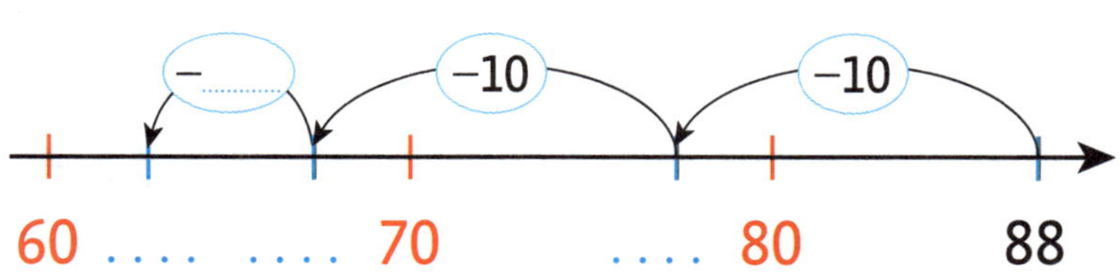

88 – 24 = ...

6 • **Mesure** chaque segment.

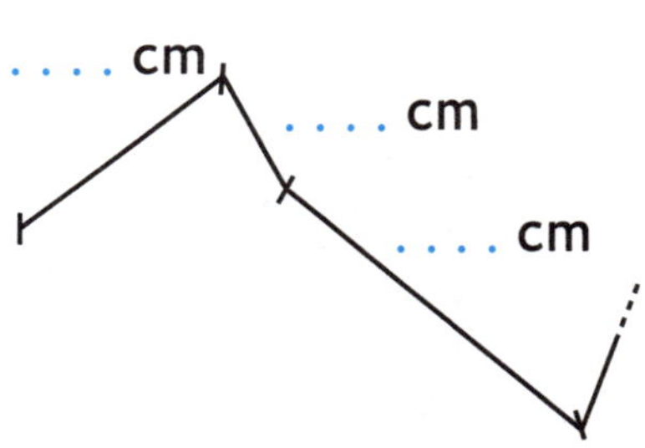

• **Prolonge** le dernier segment pour que la ligne brisée mesure 9 cm.

	oui	pas encore
1 Je sais décomposer le nombre 100 en dizaines et unités.		
2 Je sais compléter à 100.		
3 Je connais les doubles et les moitiés.		
4 Je sais repérer des angles droits.		
5 Je sais calculer des différences avec la droite numérique.		
6 Je sais résoudre des problèmes de longueur.		

61 Les nombres de 101 à 199 (1)

Connaissance des nombres : Écrire en lettres des nombres compris entre 0 et 99.

Je cherche

1 a. **Observe** cette collection de cubes et **complète**.

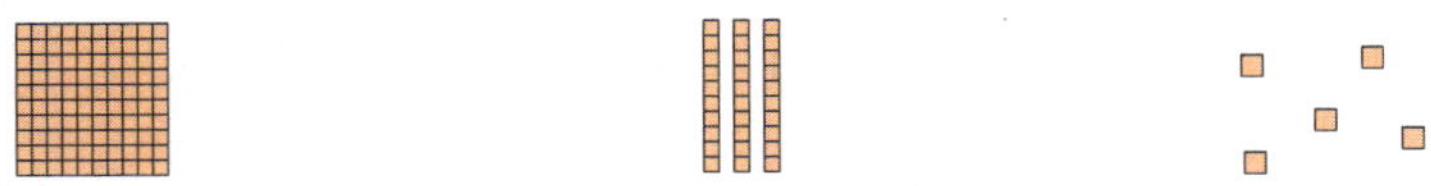

.... centaine .... dizaines .... unités

c	d	u
.	.	.

100 + ... + ... = ...

b. **Écris** le nombre en lettres : cent .... - ....

2 **Complète** le tableau, comme dans l'exemple.

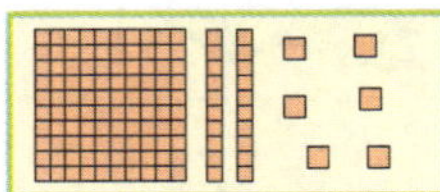	100 + 20 + 6	126	cent vingt-six
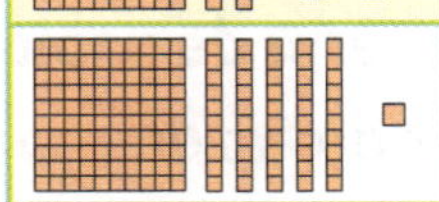			
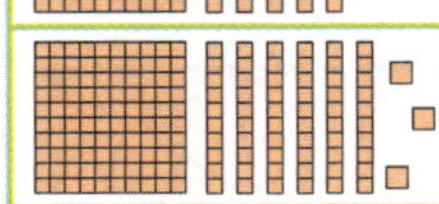			
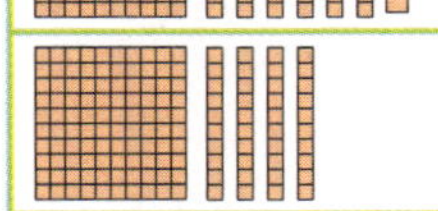			
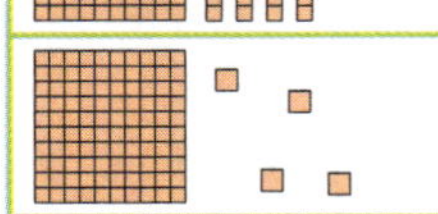			

Je m'entraîne

3 Chaque enfant a lancé 5 flèches. **Indique** les points obtenus.

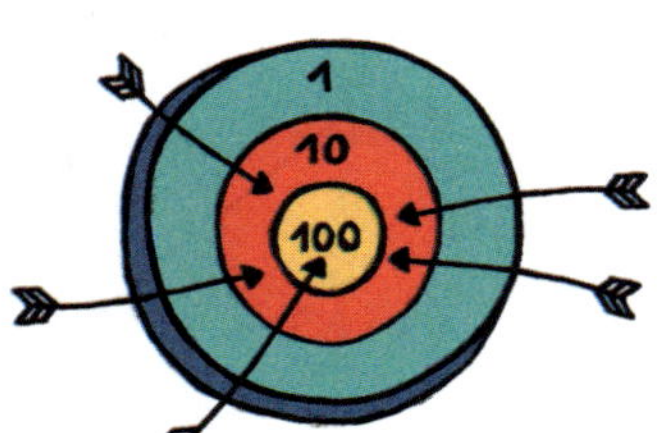

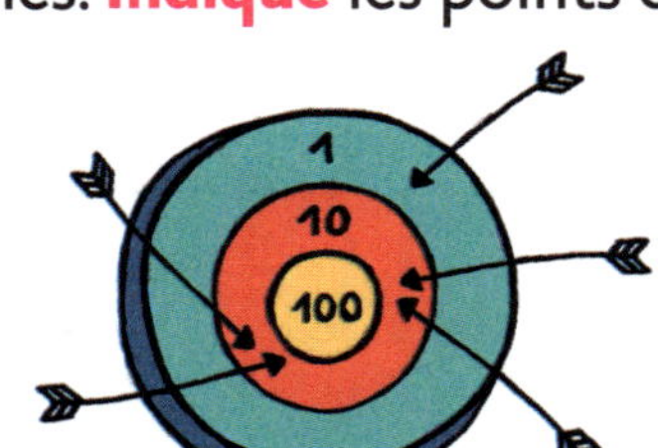

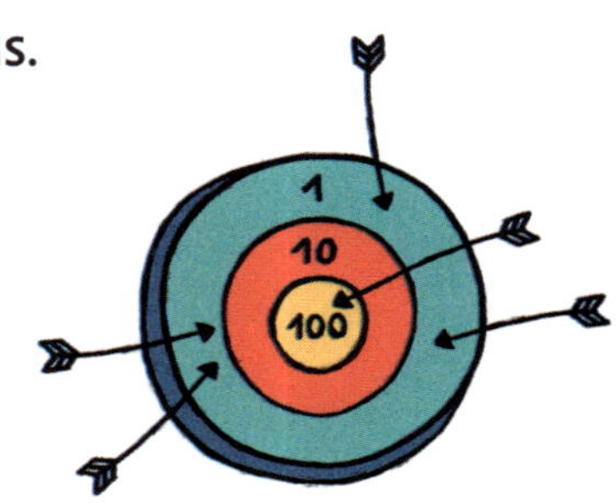

Zoé : .... points

Luc : .... points

Sally : .... points

4 **Observe** l'exemple et **place** les jetons pour obtenir le nombre indiqué.

	100	
10	30	50
1	3	5

135

	100	
10	30	50
1	3	5

151

	100	
10	30	50
1	3	5

108

	100	
10	30	50
1	3	5

110

62 Les unités de longueur

Connaissance des nombres : Trouver le nombre qui précède et celui qui suit un multiple de 10 compris entre 0 et 90.

....	....	....	....	....

Je cherche

1 **a. Observe** la taille de chaque enfant.

Diego — Nora — Éva

Diego	Nora	Éva
1 m 24 cm	1 m 18 cm	1 m 22 cm

Complète le tableau :

	Prénom	Taille
le plus grand →	....	....
	....	....
le plus petit →	....	....

b.

1 m = 100 centimètres
= 100 cm
1 m 18 cm = 100 cm + 18 cm
= 118 cm

Complète : Diego mesure .... cm.
Éva mesure .... cm.

Je m'entraîne

2 **Complète** avec les mesures suivantes : 8 cm — 88 m — 1 m 80 cm — 180 cm

Cet homme mesure	Ce crayon mesure	Cet immeuble mesure
.... ou	....	....

3 Au concours de saut en hauteur, Samuel a fait un saut de 1 m 30 cm.
Marie a sauté 8 cm de plus que Samuel.
John a sauté 10 cm de moins que Samuel.

Complète le tableau des résultats :

	Hauteur du saut
Samuel	1 m 30 cm
Marie	.... m .... cm
John	.... m .... cm

4 **Complète** les correspondances de mesure :

1 m = ... cm

1 m 21 cm = ... cm + ... cm
= .... cm

1 m 5 cm = ... cm

.... m .... cm = 151 cm

.... m .... cm = 165 cm

63 Les nombres de 101 à 199 (2)

Calcul mental : Calculer des sommes en ligne de deux nombres sans retenue.

Je m'entraîne

1 **a.** On enfile des boules selon la règle des échanges :

10 unités → **1 dizaine** **10 dizaines** → **1 centaine**

Complète, comme dans l'exemple :

c d u

1 3 3

cent trente-trois

c d u

. . .

....

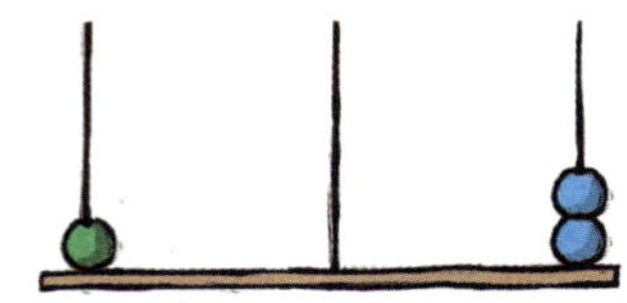

c d u

. . .

....

b. Classe ces nombres du plus **petit** au plus **grand** : .... < .... < ....

2 **a. Observe** et **complète** :

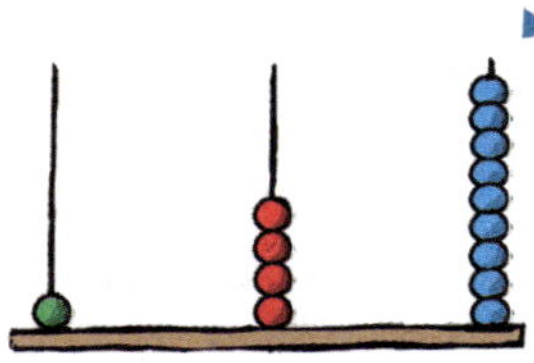

c d u

. . .

b. Complète.
On obtient après l'échange :

c d u

. . .

c. Complète :

149 + 1 = ...

3 **Complète.**

129 + 1 = ...   139 + 1 = ... + 1 = 120   .... + 1 = 160

4 **Complète** les suites de nombres.

99 – 100 – 101 – ...... – ...... – ...... – ...... – ...... – ...... – ...... – ...... – ......

80 – 90 – 100 – ...... – ...... – ...... – ...... – ...... – ...... – ...... – ...... – ......

95 – 105 – 115 – 125 – ...... – ...... – ...... – ...... – ...... – ...... – ......

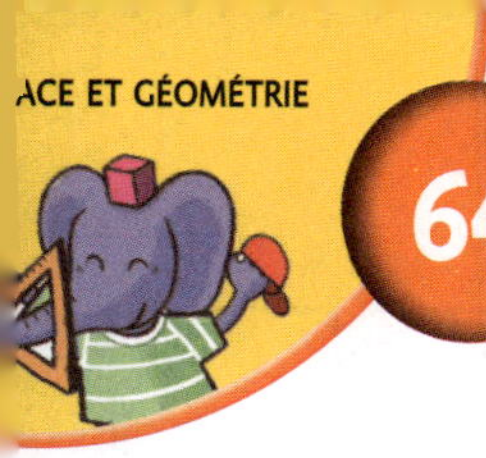

64 Utiliser l'équerre (2)

Calcul mental : Compléter à 100 des dizaines entières. *Ex. : que manque-t-il à 90 pour avoir 100 ?*

Je cherche

1 **Repère** les angles droits avec l'**équerre** et **colorie**-les en **rouge**.

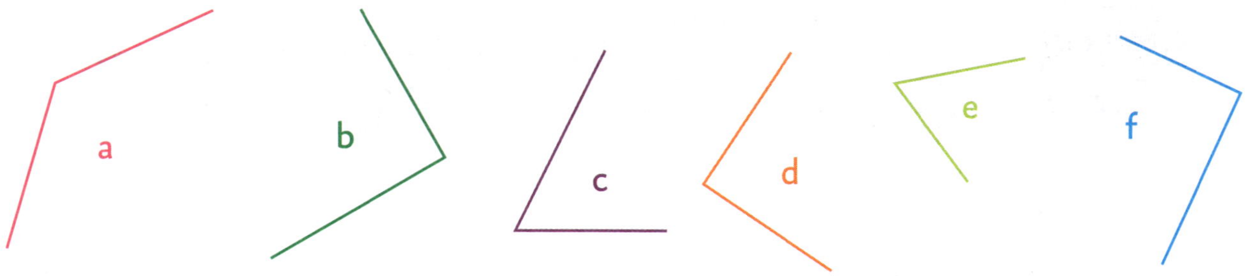

Je m'entraîne

2 Dans cette figure, **colorie** les angles droits.

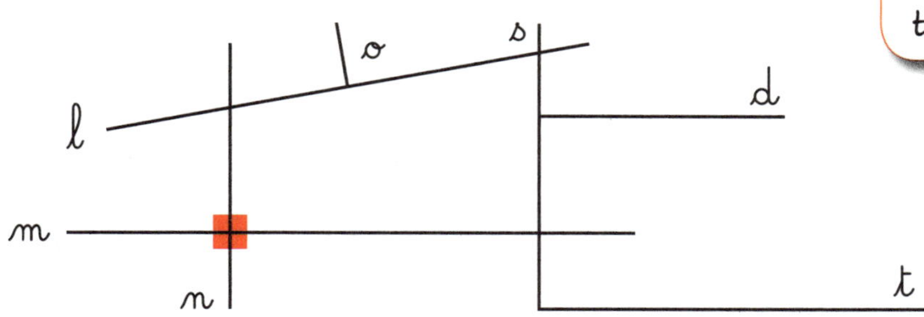

3 **a. Continue** de tracer les droites u et p pour qu'elles se coupent.

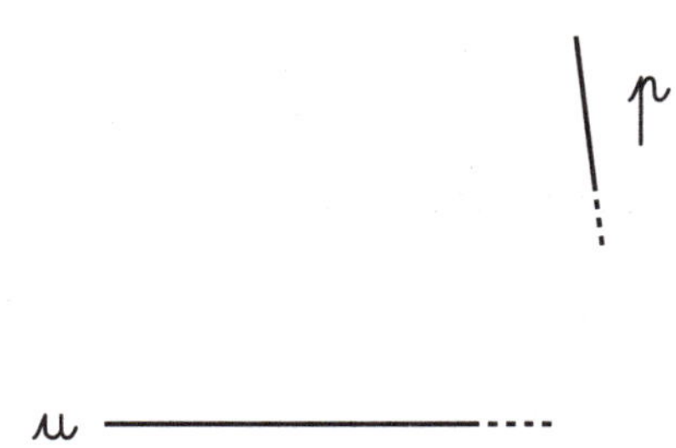

b. u et p forment-elles un angle droit ?

☐ oui ☐ non

Vérifie avec ton équerre.

c. Avec l'équerre, **trace** une droite i qui coupe u en formant 4 angles droits.

4 **Trace** un segment qui part de B et qui fait un angle droit avec le segment AB.

Complète :
Ce segment passe par le point . . . .

Centaines, dizaines, unités

Connaissance des nombres : Trouver le nombre qui suit et celui qui précède un nombre donné compris entre 100 et 199.

Je cherche

1 • **Combien** y a-t-il de cahiers en tout ? **Complète**.

. . . . dizaines ou . . . . centaine | . . . . dizaines ou . . . . centaine | . . . . dizaines ou . . . . centaine | . . . . dizaines | . . . . unités

100 + ... + ... + ... + ... =

c	d	u
.	.	.

• **Écris** le nombre total de cahiers en lettres : . . . .

Je m'entraîne

2 **Écris** le nombre.

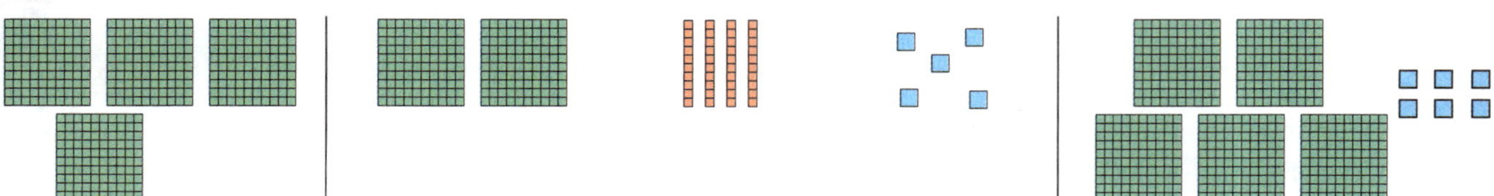

. . . . centaines | . . . . centaines . . . . dizaines . . . . unités | . . . .

3 **Dessine** les boules et **complète**, comme dans l'exemple. (vert) = 100 (rouge) = 10 (bleu) = 1

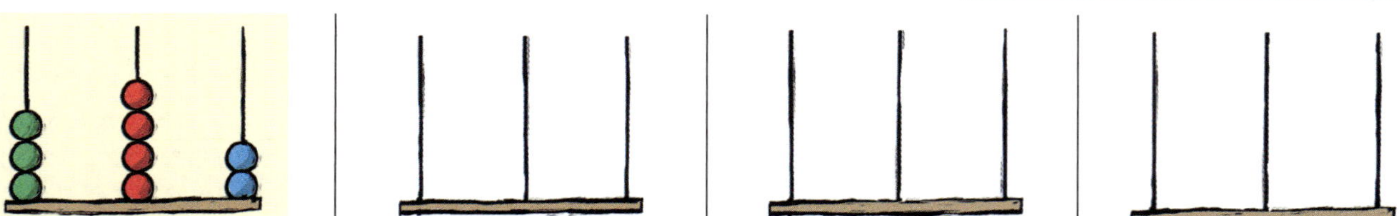

c	d	u		c	d	u		c	d	u		c	d	u
3	4	2		2	1	6		4	3	0		1	0	5

300 + 40 + 2 | . . . . | . . . . | . . . .

4 **Complète** le tableau.

200 + 200 + 30 + 2	400 + 30 + 2	432	4 c 3 d 2 u
400 + 400 + 40			
600 + 10 + 10 + 3	600 + 20 + 3		
500 + 9 + 1			

66 Reconnaître des figures planes

Calcul mental : Ajouter 10, retrancher 10 à un nombre compris entre 100 et 180.

Je cherche

1 **a. Colorie** les angles droits en **rouge**.
Il y en a 19.

b. Colorie :
les carrés en **vert** ;
les rectangles en **orange** ;
les triangles en **bleu**.

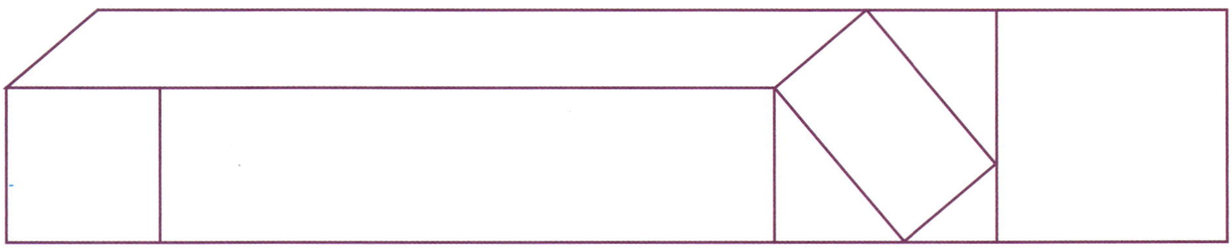

Je m'entraîne

2 **Relie** chaque dessin à sa description.

- Un triangle est à l'intérieur d'un rectangle. Le rectangle est à l'intérieur d'un carré.
- Un triangle est à l'intérieur d'un carré. Le carré est à l'intérieur d'un carré.
- Un carré est à l'intérieur d'un triangle. Le triangle est à l'intérieur d'un rectangle.
- Un rectangle est à l'intérieur d'un triangle. Le triangle est à l'intérieur d'un carré.

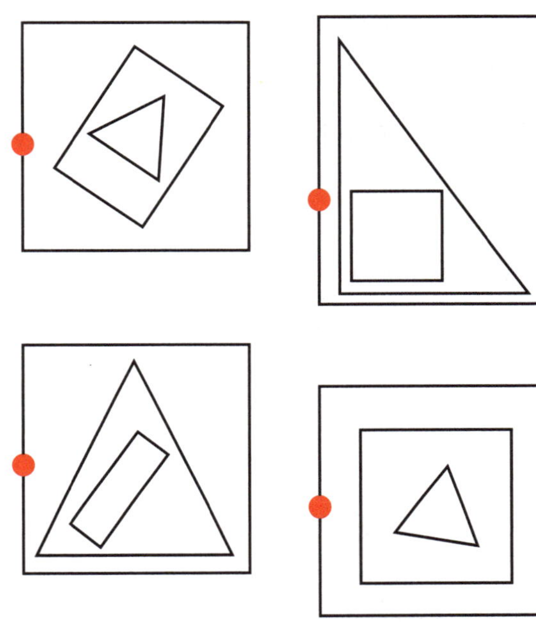

3 En joignant des points comme dans l'exemple, **trace** :
- un autre triangle,
- un carré,
- un rectangle,
- une figure qui ne soit ni un carré, ni un triangle, ni un rectangle.

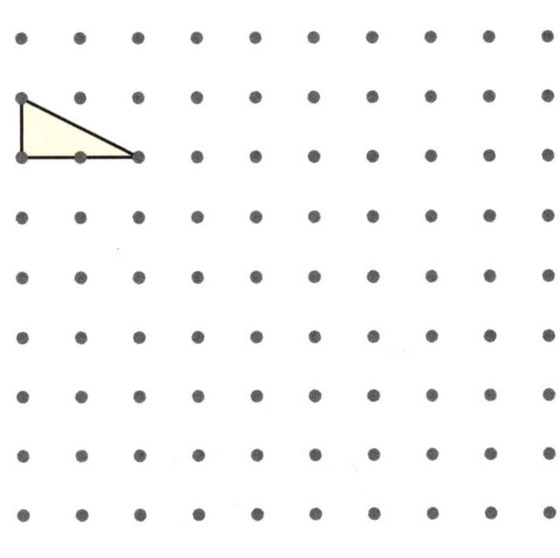

67 Utiliser la calculatrice

Connaissance des nombres : Dans des suites de 3 nombres *(ex. : 145, 146, 148)*, trouver le nombre qui manque.

....	....	....	....	....

Je cherche

1 **a. Colorie :**
en **vert** la touche pour **mettre en marche**,
en **rouge** la touche pour **arrêter**,
en **bleu** la touche pour **effacer**.

b. Prends ta calculatrice et **complète** le tableau.

Appuie sur :	ON	2	5	+	1	2	=
Écris ce que tu vois.	....	....	....	....	....	....	....

Quel calcul a fait la calculatrice ? **Complète** : . . . . + ... = ...

Je m'entraîne

2 **Recherche** les résultats avec ta calculatrice.

83 + 52 = ...　　18 + 91 = ...　　17 + 121 = ...

3 **Effectue** les additions puis **vérifie** avec ta calculatrice.

```
   6 3        4 8        5 3        1 7
 + 2 4      + 4 5      + 2 9      +   9
 -----      -----      -----      + 2 4
   . .        . .        . .      -----
                                    . .
```

4 **Utilise** ta calculatrice pour trouver la somme que M. Debbi va payer au supermarché.
Complète le ticket de caisse.

Les 4 fontaines
Route de Charleville

1 litre de jus de fruits	2 €
5 bouteilles de champagne	110 €
12 yaourts	3 €
1 tube de dentifrice	4 €
1 peluche	12 €
Total	. . . . €

68 Bilan-Révisions

1 **Écris** les nombres.

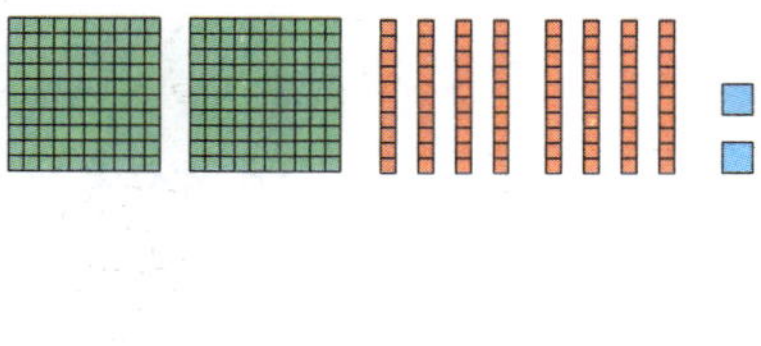

. . .

. . .

2 **Complète** les correspondances de mesure.

132 cm = ... m . . . . cm

145 cm = ... m . . . . cm

105 cm = ... m . . . . cm

3 **Complète**, comme dans l'exemple.

135 = 100 + 30 + 5

196 = ... + ... + ...

106 = ... + ...

100 + ... + 3 = 143

. . . . + 30 + 9 = 139

60 + ... + 100 = 163

4 • **Effectue** les additions puis **vérifie** avec ta calculatrice.

```
  5 6
+ 6 7
-----
= . .
```

```
  3 8
+ 3 4
+ 2 1
-----
= . .
```

• **Pose** et **effectue** : 18 + 27 + 84.
Vérifie avec ta calculatrice.

```
    . .
+   . .
+   . .
-------
= . . .
```

5 • **Marque** les angles droits en **rouge**.

• **Colorie** les carrés.

• **Entoure** les triangles qui ont un angle droit.

	oui	pas encore
1 Je connais les nombres sous la forme centaines, dizaines, unités.		
2 Je connais les unités de longueur.		
3 Je sais décomposer les nombres jusqu'à 199.		
4 Je sais utiliser la calculatrice pour vérifier un calcul.		
5 Je sais utiliser l'équerre pour reconnaître des figures planes.		

69 Calculer une différence avec une addition à trou

Connaissance des nombres : Insérer un nombre entre deux multiples de 10 successifs (compris entre 100 et 190).

....	....	....	....	....

Je cherche

1 Pour participer au cross, les 85 élèves de l'école porteront un dossard. Le directeur en a reçu 63.
Combien manque-t-il de dossards ?
Pour calculer, on peut écrire une addition à trou : 63 + ... = 85

C'est le nombre de dossards manquants.

Complète les calculs :

a. à l'aide de la droite numérique :

63 —(+ ....)→ 70 —(+ ....)→ 80 —(+ ....)→ 85

.... + ... + ... = ...

b. en posant l'addition à trou :

	6	3
+	.	.
=	8	5

Complète : Il manque .... dossards.

Je m'entraîne

2 **Complète** les additions à trou et **vérifie** le résultat avec ta calculatrice :

	3	6
+	.	.
=	6	8

	6	1
+	.	.
=	9	9

	.	.
+	1	8
=	4	8

	1	3	2
+	.	.	.
=	1	8	6

	1	4	2
+	.	.	.
=	1	9	7

3 **Pose** les additions puis **calcule**. **Vérifie** le résultat avec ta calculatrice.

42 + ... = 79

	.	.
+	.	.
=	.	.

76 + ... = 99

	.	.
+	.	.
=	.	.

118 + ... = 159

	.	.	.
+	.	.	.
=	.	.	.

4 Johnny doit parcourir 64 km en voiture pour aller de Marseille à Toulon. Il a déjà fait 41 km. Quelle distance reste-t-il à parcourir ?

Écris l'opération et **calcule** :

....

Complète : Il reste .... km à parcourir.

70 Les rectangles

Calcul mental : Calculer des sommes en ligne de deux nombres avec retenue.

....	....	....	....	....

Je cherche

1 **a. Complète** le tableau.

Utilise ton équerre.

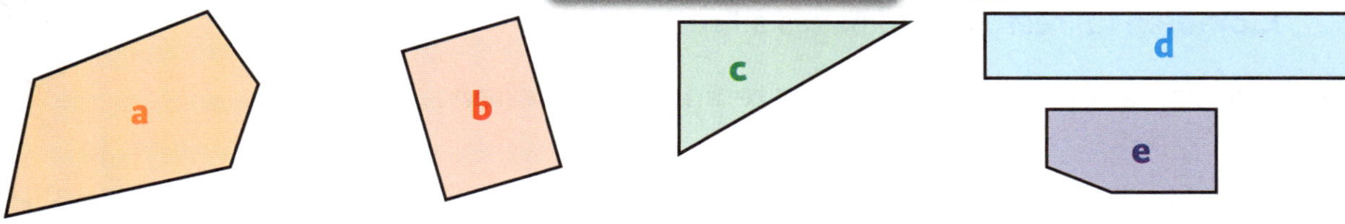

Figure	a	b	c	d	e
Nombre de côtés	....	....	....	....	....
Nombre d'angles droits	....	....	....	....	....

b. Indique les figures qui sont des rectangles : ....

2 **a. Écris** les mesures de chaque côté :

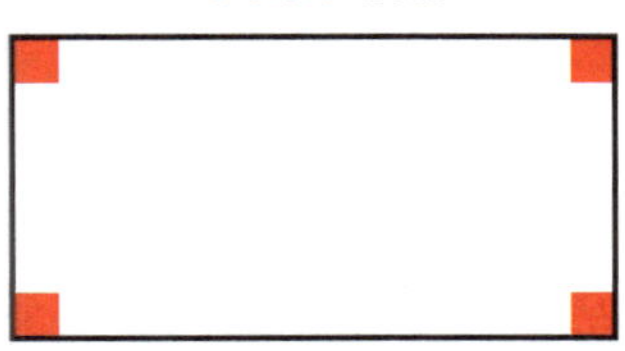

b. Complète :

Les côtés opposés AB et DC ont la même ....

Les côtés opposés AD et BC ont la même ....

c. Complète : Les grands côtés du rectangle s'appellent les **longueurs**.

Les petits côtés du rectangle s'appellent les ....

Je m'entraine

3 **a. Termine** le tracé du rectangle.

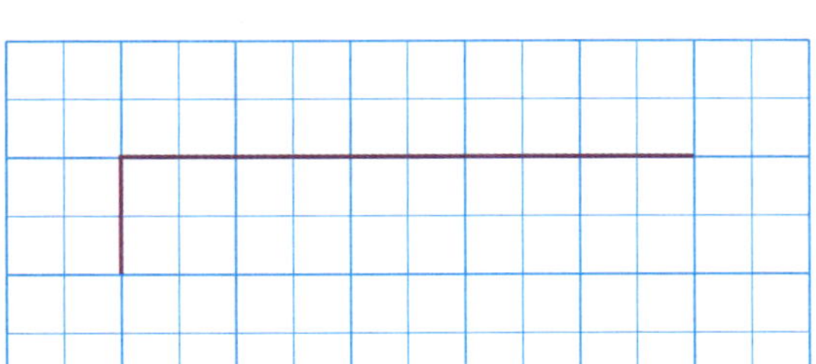

b. Trace un rectangle de 6 carreaux de longueur et de 4 carreaux de largeur.

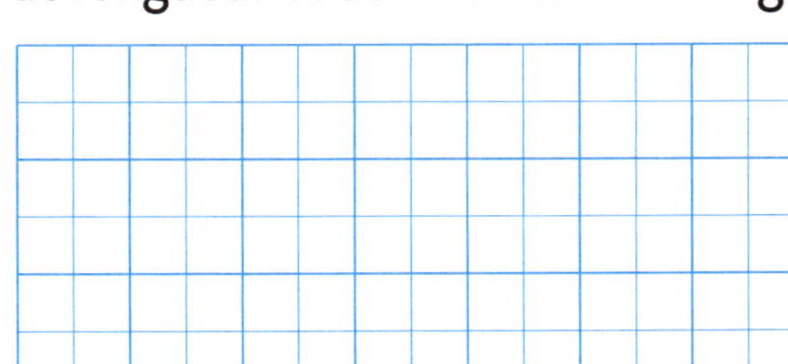

c. Trace un rectangle de 2 cm de largeur et de 5 cm de longueur.
Utilise l'**équerre** et le **double décimètre**.

71 La soustraction en colonnes (1)

Connaissance des nombres : Trouver le nombre qui suit et qui précède un multiple de 10 compris entre 100 et 190.

....	....	....	....	....

Je cherche

1 Nora lit une bande dessinée de 96 pages. Elle a déjà lu 43 pages.
Combien lui reste-t-il de pages à lire ?

Pour trouver la réponse, on peut écrire une soustraction : 96 – 43 = ...

a. Pour calculer, on pose la soustraction en colonnes. **Complète** :

	d	u
	9	6
–	4	3
=	.	.

On soustrait les **unités** : 6 – 3 = .
Puis on soustrait les **dizaines** : 9 – 4 = .

b. Pour vérifier, on **effectue** une addition :

	4	3
+	5	3
=	9	6

Complète : Nora en encore .... pages à lire.

Je m'entraîne

2 **Effectue** les soustractions en ligne, en respectant les colonnes des unités, des dizaines et des centaines.

(d u) 8 6 – (d u) 1 5 = ...

(c d u) 1 8 5 – (c d u) 1 7 4 = ...

(c d u) 1 4 3 – (d u) 1 2 = ...

3 **Effectue** les soustractions posées. **Vérifie** le résultat en effectuant l'addition, comme dans l'exemple.

	d	u
	8	7
–	3	2
=	5	5

	d	u
	3	2
+	5	5
=	8	7

	d	u
	9	6
–	4	2
=	.	.

	d	u
	4	2
+	.	.
=	.	.

	c	d	u
	1	5	4
–	1	3	1
=	.	.	.

	c	d	u
	.	.	.
+	.	.	.
=	.	.	.

4 **Pose** les soustractions. **Vérifie** le résultat avec ta calculatrice  en utilisant la touche [–].

46 – 13

	.	.
–	.	.
=	.	.

59 – 32

....
....
....

126 – 114

	.	.	.
–	.	.	.
=	.	.	.

164 – 102

....
....
....

72 Comparer des masses

Connaissance des nombres : Situer un nombre compris entre 0 et 190 par rapport au multiple de 10 le plus proche.
Ex. : 43 est plus proche de 40 que de 50.

Je cherche

1 **Dessine** les poids dans la 3e balance pour qu'elle reste en équilibre.

Je m'entraîne

2 **Observe** les balances.
Range les objets du plus **léger** au plus **lourd**.

le plus léger ↘ .... ↙ le plus lourd

3 **Observe** les balances. **Écris** le nom de l'objet le plus **léger** : ....

4 a. **Observe** les balances.

b. **Entoure** la bonne réponse.

Le ballon est plus léger que le livre. vrai faux

La bouteille est plus légère que le livre. vrai faux

Le livre est plus lourd que le ballon. vrai faux

73 Les nombres de 200 à 499 (1)

Calcul mental : Trouver le double des nombres de 0 à 15 et des multiples de 10, de 10 à 90.

Je cherche

1 **Entoure** le nombre qui convient sous chaque collection.

303 310 315

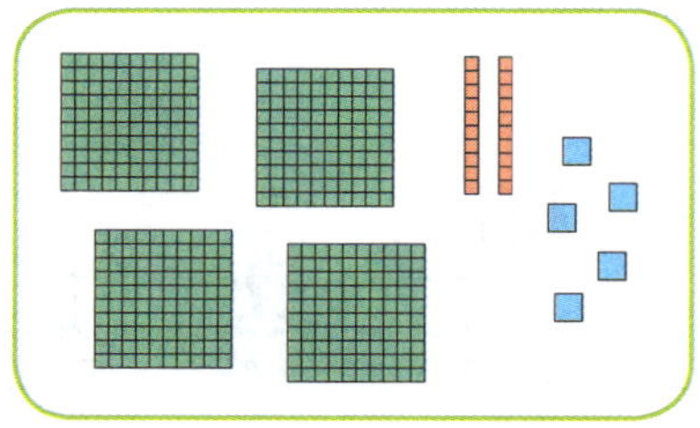

532 254 425

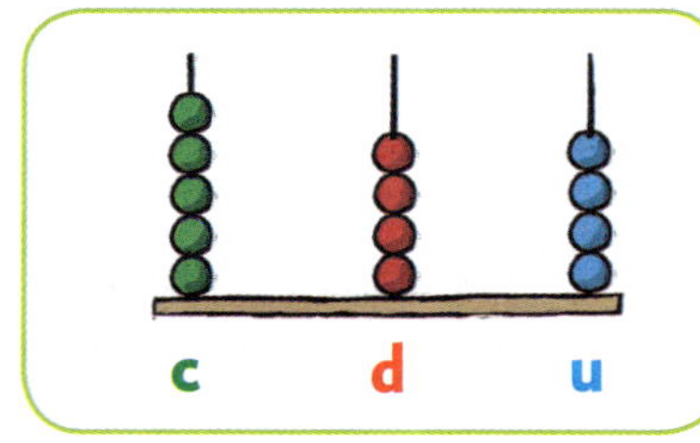

544 344 554

2 **Complète**, comme dans l'exemple.

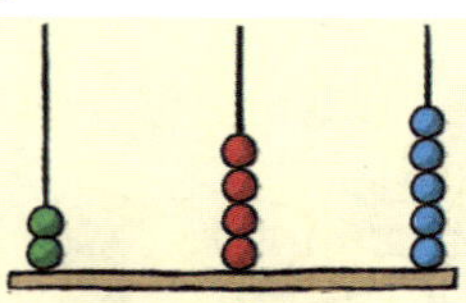

c d u
2 4 5
200 + 40 + 5

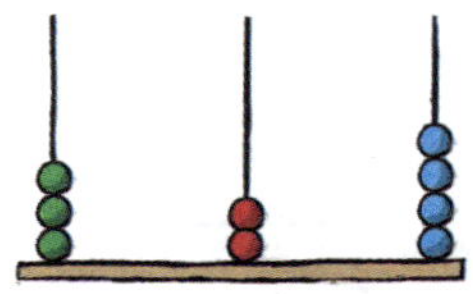

c d u
. . .
. . . .

c d u
. . .
. . . .

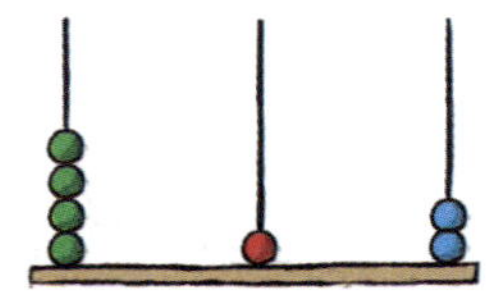

c d u
. . .
. . . .

Je m'entraîne

3 **Écris** les nombres en **chiffres**.

trois cents : ……

trois cent dix : ……

deux cent soixante-dix-huit : ……

4 **Écris** les nombres en **lettres**.

400 → . . . .

306 → . . . .

260 → . . . .

5 **Calcule**.

400 + 53 = ...

300 + 82 = ...

200 + 99 = ...

200 + 8 = ...

100 + 100 + 10 + 10 + 10 = ...

100 + 100 + 100 + 1 + 1 = ...

6 **Dessine** les jetons manquants pour avoir 278 points.

7 **Complète** :

246 = 200 + ... + 6

354 = 300 + 50 + ...

466 = ... + ... + 60

74 Repérer le milieu d'un segment

Calcul mental : Ajouter 10, retrancher 10 à un nombre compris entre 200 et 480.

Je cherche

1 a. **Trace** un segment AB sur du papier-calque et **plie** le papier-calque, comme sur le dessin.

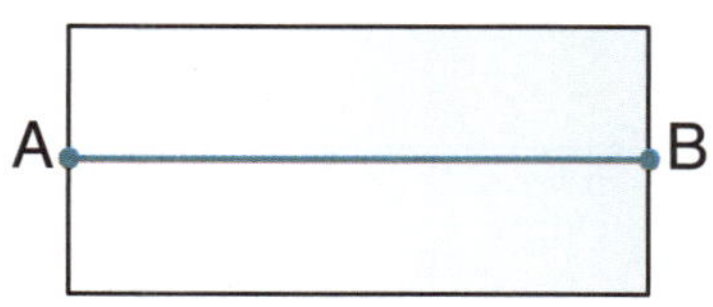

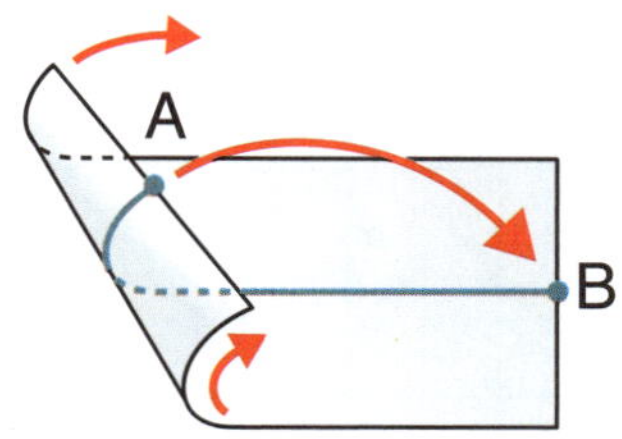

b. Au pli, **marque** le point C.

c. **Complète** : AC mesure . . . . cm. CB mesure . . . . cm.

Que remarques-tu ? . . . .

On dit que C est le **milieu** de AB.

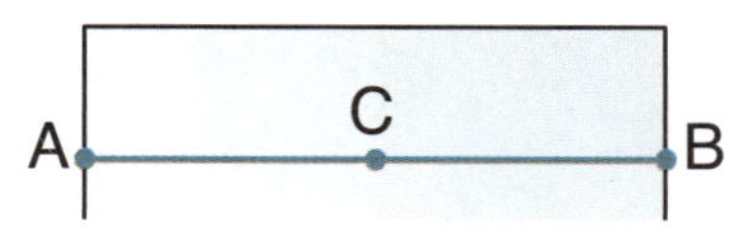

Je m'entraîne

2 **Trace** un segment de 10 cm. **Trouve** son milieu et **marque**-le d'un point.

3 a. Un des points est le milieu du segment EF. **Trouve** ce point et **nomme**-le M.

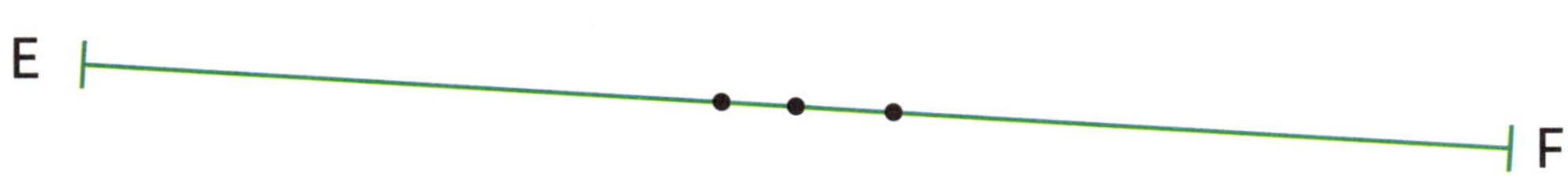

b. **Complète** le tableau :

Mesure du segment EF	.... cm	**Mesure du segment EM**	.... cm	**Mesure du segment MF**	.... cm

4 **Marque** le milieu de chaque côté du triangle. **Relie** les milieux entre eux. **Quelle** figure obtiens-tu ?

. . . .

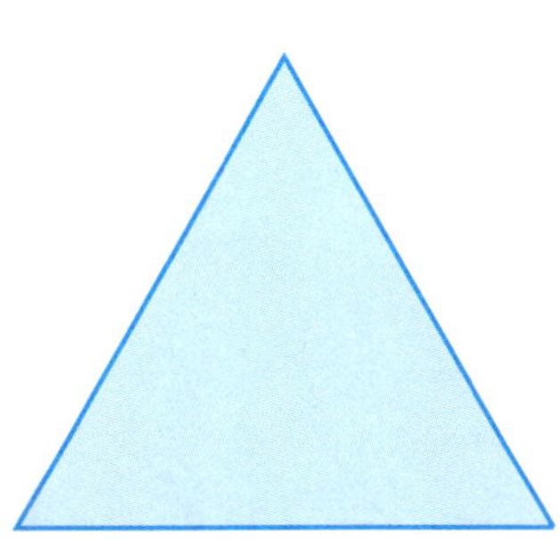

5 a. **Marque** les milieux des côtés et nomme ces milieux A, B, C et D en les plaçant dans cet ordre.

b. **Trace** AB, BC, CD et DA.

Quelle figure obtiens-tu ? . . . .

75 Lire un graphique

Connaissance des nombres : Dans des suites de 3 nombres compris entre 100 et 199, en ordre décroissant *(ex. : 104, 103, 101)*, trouver le nombre qui manque.

Je cherche

1 **a. Observe** le graphique des médailles d'or gagnées aux Jeux olympiques de Pékin en 2008.

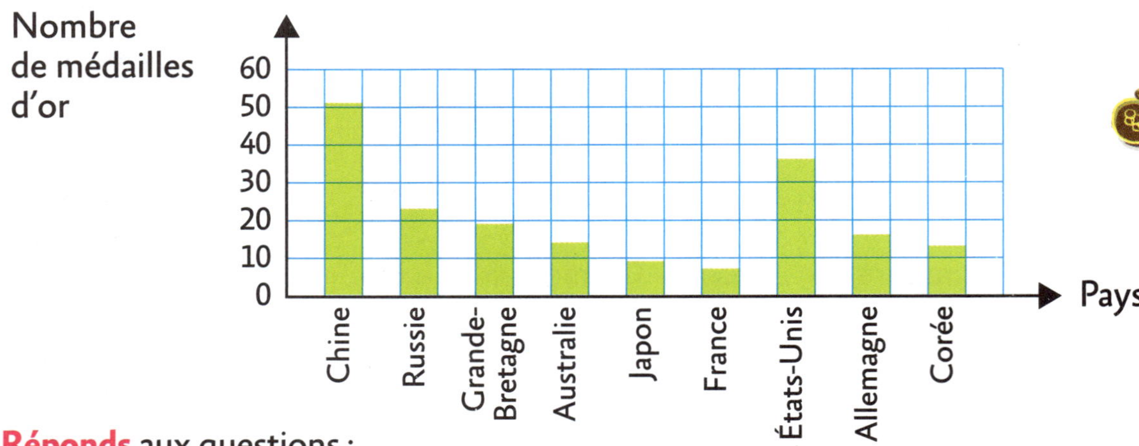

b. Réponds aux questions :

- Quel pays a obtenu le moins de médailles d'or ? . . . .
- Quel pays a obtenu le plus de médailles d'or ? . . . .

c. Classe les quatre pays qui ont obtenu le plus grand nombre de médailles d'or.

1er : . . . . 3e : . . . .

2e : . . . . 4e : . . . .

2 L'école des Buissons a ouvert en l'an 2000.
Le graphique montre qu'à l'ouverture de l'école, il y avait 90 élèves.
Depuis, le nombre d'élèves a changé.
Observe le graphique et **complète** les réponses.

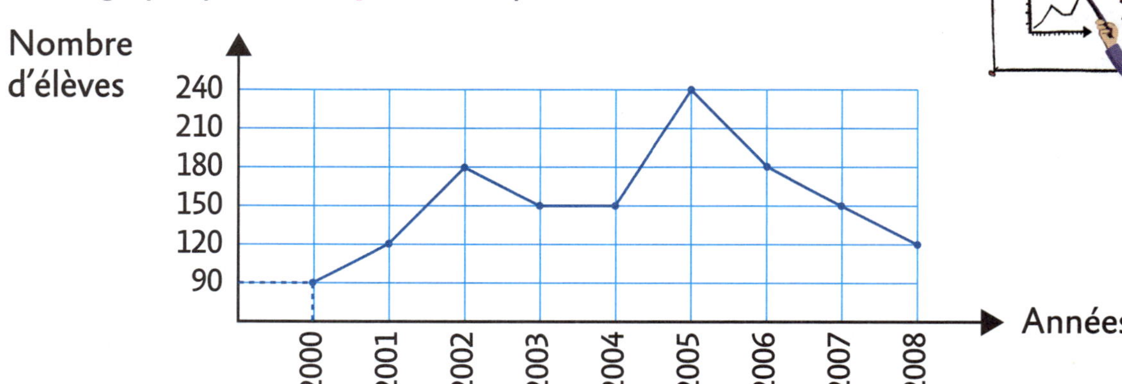

- En 2002, il y avait . . . . . élèves. Il y avait 120 élèves en . . . .
- Entre 2004 et 2005, l'école a inscrit . . . . . nouveaux élèves.
- Entre 2006 et 2008, l'école a perdu . . . . . élèves.
- Entre 2000 et 2005, le nombre d'élèves est passé de . . . . . élèves à . . . . . élèves.

76 Bilan-Révisions

1 **Effectue** les additions à trou et **vérifie** le résultat avec ta calculatrice.

37 + ... = 88	123 + ... = 198

```
   3 7        . . .
 + . .      + . . .
 -----      -------
   8 8        . . .
```

2 **Dessine** les billets de 100 €, de 10 € et les pièces de 1 € pour avoir la somme indiquée.

453 €

100 €

1€

3 **Effectue** les soustractions posées.

67 – 35 = ...	144 – 32 = ...

```
   6 7        1 4 4
 – 3 5      –   3 2
 -----      -------
   . .        . . .
```

4 **Observe** les balances.

Complète :

La boîte la plus **légère** est la boîte ....

La boîte la plus **lourde** est la boîte ....

5 **Termine** le tracé du rectangle ABCD.
BC mesure 3 carreaux.

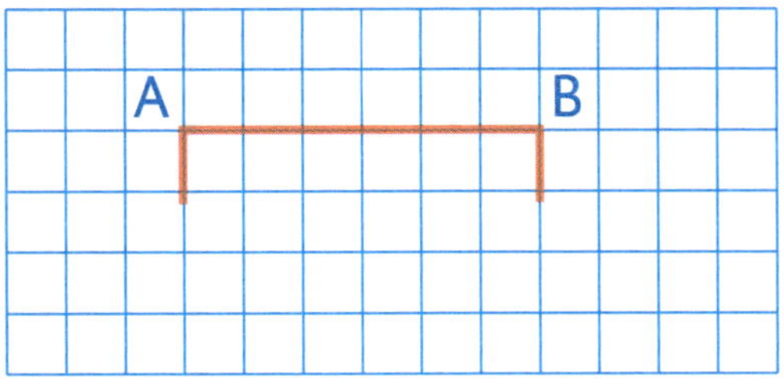

6 **Utilise** ton **double décimètre** et **complète** les phrases.

- AJ = ... cm JL = ... cm
- Le point .... est le milieu de AL.
- AL mesure .... cm + ... cm = ... cm

	oui	pas encore
1 Je sais compléter une addition à trou.		
2 Je sais décomposer les nombres jusqu'à 499.		
3 Je sais effectuer des soustractions en colonnes.		
4 Je sais comparer des masses.		
5 Je sais tracer un rectangle.		
6 Je sais repérer le milieu d'un segment.		

77 Les nombres de 200 à 499 (2)

Calcul mental : Ajouter 20 à un nombre compris entre 0 et 479.

....	....	....	....	....

Je cherche

1 Observe les échanges et **complète**.

a. On ajoute une **unité**.

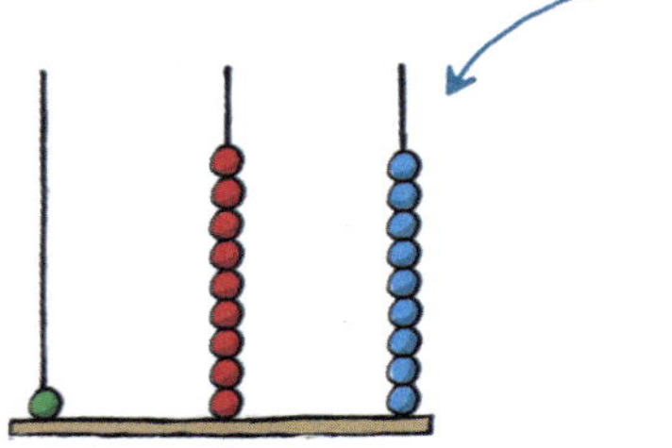

c	d	u
1	9	9

b. On échange les 10 **unités** contre . . . . **dizaine**.

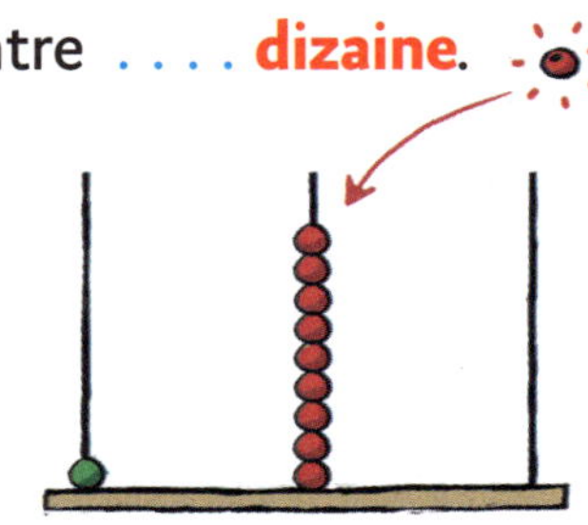

c. On échange les 10 **dizaines** contre . . . . **centaine**.

Écris le nombre :

c	d	u
.	.	.

Complète : 199 + 1 = ...

2 a. Affiche 199 sur le compteur de la fiche cartonnée n° 2.

b. Affiche le nombre qui suit 199 et **écris**-le :

.	.	.

c. Continue de compter de 1 en 1 avec le compteur jusqu'à *deux cent vingt*.

Je m'entraîne

3 Utilise le compteur de la fiche cartonnée n° 2 et :

a. ajoute 1 à chaque fois.

2	9	7
2	9	.
2	9	.
.	.	.

3	9	8
3	9	.
.	.	.
.	.	.

b. ajoute 10.

3	7	8
3	8	8
.	.	.
.	.	.

c. ajoute 100.

1	9	9
.	.	.
.	.	.
.	.	.

4 Place les nombres suivants comme il convient :

a. 350 340 180 220 450 270

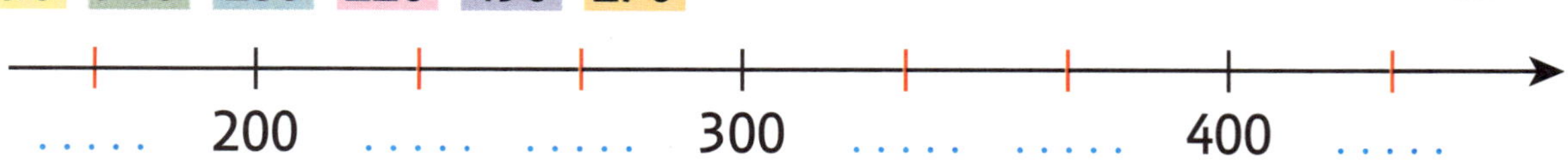

. . . . . 200 . . . . 300 . . . . 400 . . . . .

b. 346 322 304 364 326 353 314

. . . .

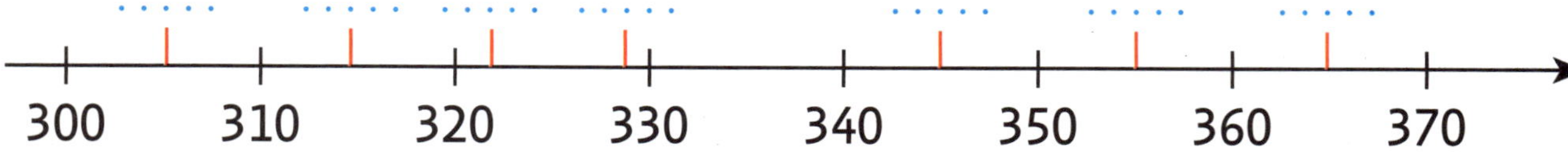

78 La monnaie (2)

Calcul mental : Ajouter 22 à un nombre compris entre 0 et 470, en ajoutant 20 puis 2. *Ex. : 219 + 22 = 219 + 20 + 2.*

Je cherche

1 **a.** Mme Legras a acheté ces objets. Voilà les pièces et les billets qu'elle a donnés pour payer :

Complète : .... € .... €

b. Mme Legras veut payer avec le moins de pièces et de billets possible.

Complète le tableau :

	Prix	100€	50€	20€	10€	5€	2	1
	.... €		....	....	....	....	....	....
	.... €		....	....	....	....	....	....

Je m'entraîne

2 **a.** Nora a 3 billets pour une somme totale de 125 €.

Dessine ces billets :

b. Luc a 200 €.
Il a 5 billets.

Dessine ces billets :

3 Voici l'argent que M. Bricoleur a dans sa caisse :

Il veut échanger cet argent contre 3 billets. **Dessine**-les :

4 **Écris** le nombre sur chaque pièce et chaque billet pour obtenir 115 € à chaque fois.

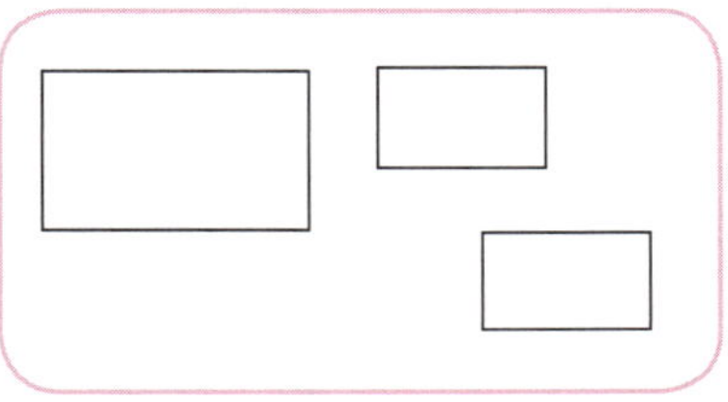

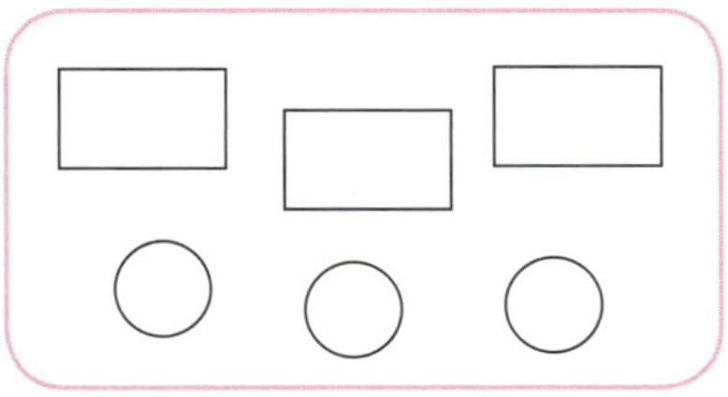

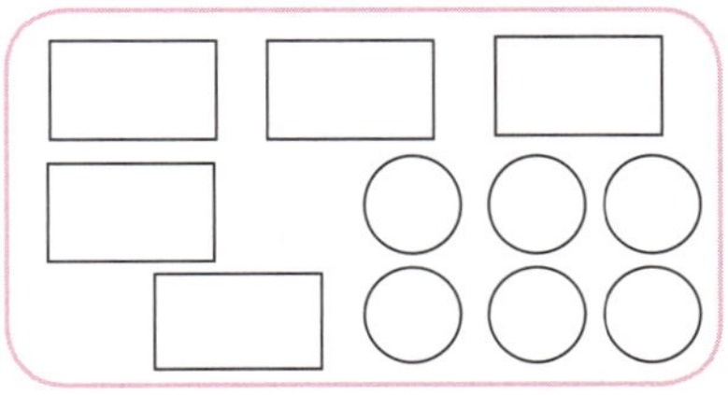

79 Calculer des sommes avec des arbres de calcul (2)

Calcul mental : Compter de 10 en 10 à partir d'un multiple de 10 compris entre 200 et 499 à partir d'un nombre se terminant par 1.

....

Je cherche

1 Dans l'association sportive de Jimmy, il y a 143 enfants et 135 adultes inscrits.

Pour trouver le nombre total de personnes inscrites, on peut écrire : 143 + 135 = ...

Pour calculer, Paola et Sally font un arbre de calcul.

Complète :

Calcul de Paola

100 + 40 + 3 + 100 + 30 + 5

200 + 70 + 8

..... + ... = ☐

Calcul de Sally

143 + 100 + 30 + 5

..... + 30 + 5

..... + ... = ☐

Je m'entraîne

2 **Calcule** 250 + 147 :

a. comme **Paola**.

200 + 50 + 100 + 40 + 7

..... + ... + ...

..... + ... = ☐

b. comme **Sally**.

250 + 100 + 40 + 7

..... + ... + ...

..... + ... = ☐

3 **Calcule** 256 + 234 comme **Paola**.

256 + 234

..... + ... + ... + ... + ... + ...

....

....

4 **Calcule** en utilisant la méthode de ton choix.

204 + 165	123 + 317
....	....
....	....
....	....

80 Les triangles

Calcul mental : Utiliser des doubles connus pour calculer les doubles de nombres. *Ex. : le double de 32, c'est le double de 30 + le double de 2.*

Je cherche

1 **a. Observe** les triangles et **complète** le tableau, comme dans l'exemple :

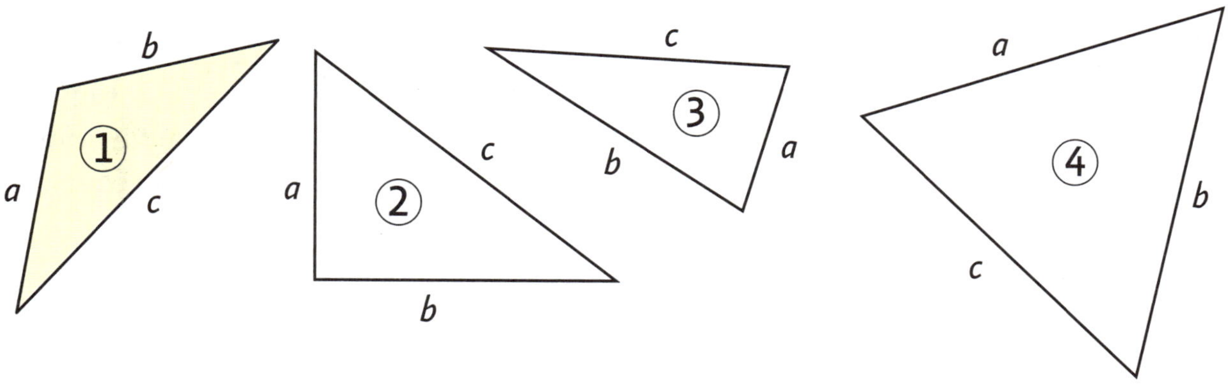

Triangle	Angle droit	Mesure du côté *a*	Mesure du côté *b*	Mesure du côté *c*
1	non	3 cm	3 cm	5 cm
2	....	.... cm	.... cm	.... cm
3	....	.... cm	.... cm	.... cm
4	....	.... cm	.... cm	.... cm

b. Indique les numéros des triangles qui ont :

- 3 côtés de la même longueur : ....
- 2 côtés de la même longueur : ....

Je m'entraîne

2 **a. Marque** le milieu de AB et **nomme**-le R.
Marque le milieu de BC et **nomme**-le S.
Marque le milieu de CA et **nomme**-le T.

b. Trace les segments AS, BT et CR.

c. Ces segments se croisent au point O.
Marque ce point.

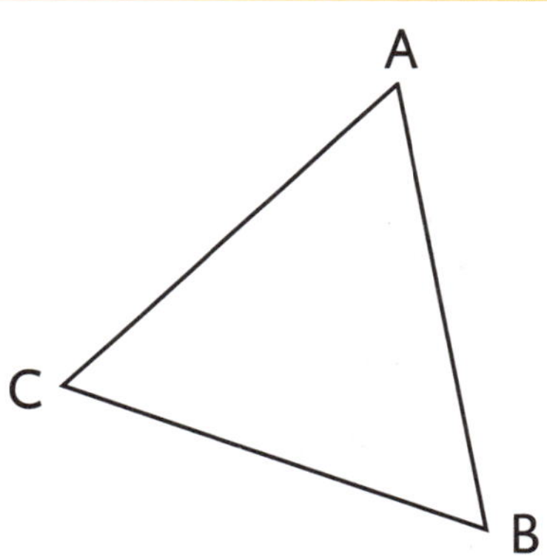

3 Le segment AH forme avec le côté CB du triangle 2 angles droits.

- **Joins** les points : B et R ; C et S.

À quel endroit se coupent AH, RB et CS ?

....

- **Colorie** tous les angles droits.

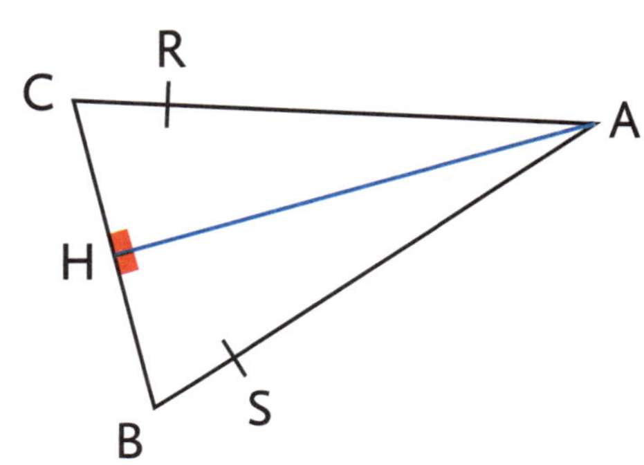

81 L'addition en colonnes (3)

Connaissance des nombres : Écrire des nombres sous la forme c, d, u.
Ex. : 385 → 3 c, 8 d et 5 u.

....

Je cherche

1 **a.** Dans le club de basket-ball de Nora, il y a 138 filles et 149 garçons.

Combien y a-t-il de joueurs en tout ?

Pour calculer, on peut écrire l'opération en ligne → 138 + 149
et poser l'opération en colonnes.

	c	d	u
	1	^{1}3	8
+	1	4	9
=	.	.	.

8 + 9 = 17

- **Termine** le calcul.
- **Complète** :

Il y a .... joueurs dans le club de basket-ball.

b. Dans le club de Théo, il y a 157 filles et 329 garçons.
Effectue l'addition pour trouver le nombre de joueurs en tout.

	c	d	u
	1	5	7
+	3	2	9
=	.	.	.

2 **a.** **Observe** et **termine** le calcul, en commençant par les unités.

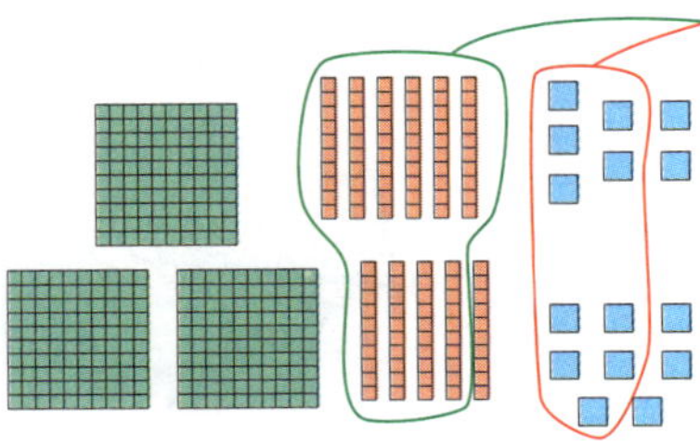

	c	d	u
	^{1}1	^{1}6	7
+	2	5	8
=	.	.	.

b. **Calcule**.

	c	d	u
	3	1	7
+	1	9	7
=	.	.	.

Je m'entraîne

3 **Calcule** et **vérifie** avec la calculatrice.

	2	4	5
+	1	0	8
=	.	.	.

	1	7	4
+	2	7	3
=	.	.	.

	2	8	3
+	2	1	5
=	.	.	.

4 **Calcule** en colonnes puis **complète** l'addition en ligne.

126 + 369 = ...

269 + 140 = ...

225 + 95 = ...

82 Reproduire une frise

Connaissance des nombres : Écrire les nombres de 100 à 499 sous la forme d'une décomposition additive du type c + d + u. *Ex. : 450 = 400 + 50 + 4.*

Je cherche

1 **Continue** la frise.

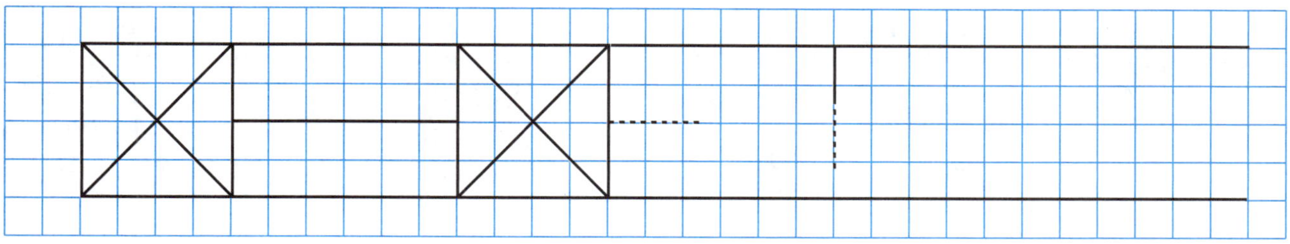

Je m'entraine

2 **Continue** la frise, en utilisant le **gabarit** 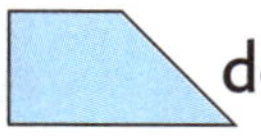 de la fiche cartonnée n° 1 et la **règle**.

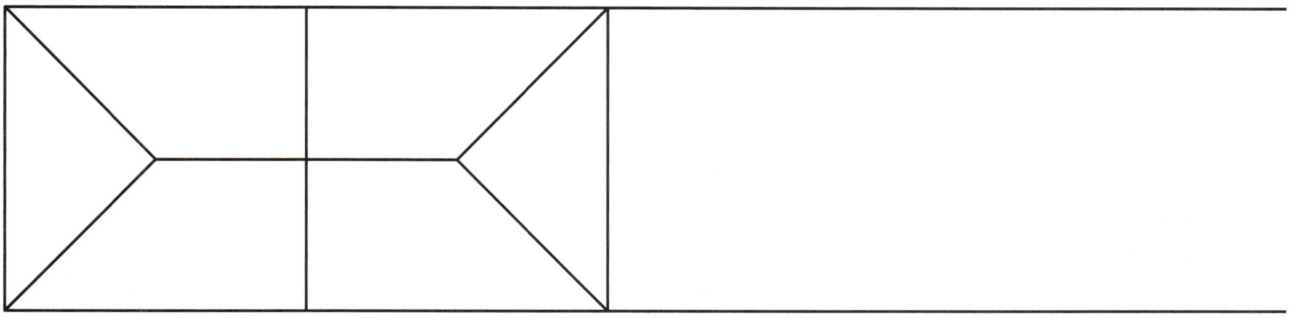

3 **Continue** la frise, en utilisant le **gabarit** 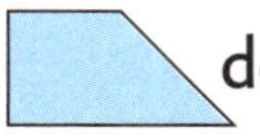 de la fiche cartonnée n° 1 et la **règle**.

- **Colorie**-la.

4 **Continue** la frise, en utilisant le **double décimètre** et **colorie**-la.

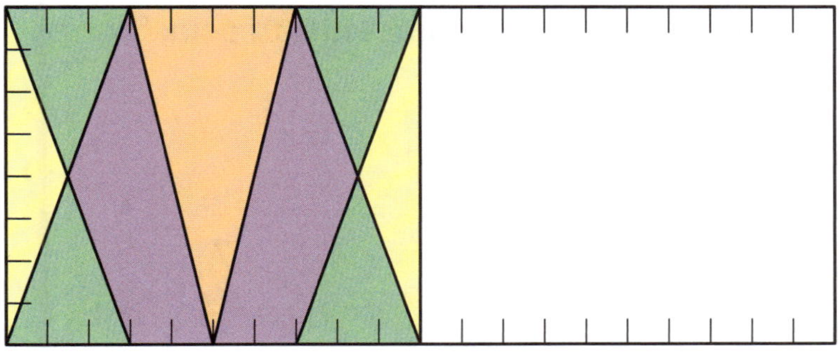

83 Les nombres de 500 à 999 (1)

Connaissance des nombres : Insérer un nombre entre 2 multiples de 10 compris entre 200 et 490.

....	....	....	....	....

Je cherche

1 **Calcule** le prix de chaque objet et **complète** :

500 + ... + ... = ...

.... €

.... + ... + ... = ...

.... €

2 **Calcule**, comme dans l'exemple.

400 + 30 + 4 = 400 + 34 = 434

600 + 60 + 3 = ... + ... = ...

800 + 80 + 5 = ... + ... = ...

900 + 50 + 7 = ... + ... = ...

3 **Complète**, comme dans l'exemple.

7 centaines 2 dizaines 3 unités = 723

7 centaines 2 unités 9 dizaines = ...

8 centaines 7 unités = ...

6 dizaines 2 centaines 5 unités = ...

Je m'entraîne

4 **Colorie** de la même couleur les écritures d'un même nombre.

- huit cent cinquante et un
- six cent soixante-trois
- cinq cent vingt-sept
- 500 + 20 + 7
- 500 + 51 + 300
- 600 + 63
- 400 + 400 + 51
- 300 + 300 + 3 + 60
- 800 – 10 – 20
- 500 + 30 – 3
- 613 – 10

5 Avec les chiffres 0 3 4 7 9, **trouve** 10 nombres plus grands que 500.

....

6 Avec les chiffres 5 6 7, **trouve** les 6 nombres que tu peux former, comme dans l'exemple :

5 — 6 — 7 → 567
5 — 7 — 6 → 576

6 — 5 — 7 → ....
6 — . — . → ....

7 — . — . → ....
7 — . — . → ....

84 Bilan-Révisions

1 **Range** les nombres du plus petit au plus grand.

439, 338, 139, 297, 380, 200, 199, 410.

..... – ..... – ..... – ..... –
..... – ..... – ..... – .....

2 **Calcule** 312 + 245 avec un arbre de calcul.

312 + 245

....

....

....

3 **Pose** et **effectue** les additions puis **vérifie** avec ta calculatrice.

136 + 258 = ...

347 + 264 = ...

4 **Complète.**

3 centaines 2 dizaines 3 unités = 323

6 centaines 4 dizaines 9 unités = ...

900 + 90 + 9 = ...

700 + 8 + 50 = ...

5 Nora a 145 € dans sa tirelire.

Dessine cette somme avec :

a. 4 billets et 5 pièces.

b. 7 billets et 3 pièces.

6 À l'aide de ton équerre, **colorie** les angles droits en **rouge**.

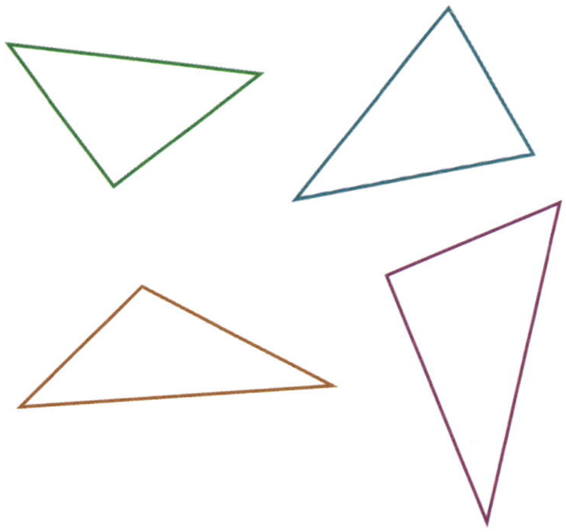

	oui	pas encore
1 Je sais ordonner les nombres jusqu'à 499.		
2 Je sais calculer une somme de nombres de 3 chiffres avec un arbre de calcul.		
3 Je sais effectuer des additions en colonnes avec des nombres de 3 chiffres.		
4 Je sais décomposer les nombres de 3 chiffres.		
5 Je sais utiliser la monnaie.		
6 Je sais reconnaître l'angle droit d'un triangle.		

85 Les nombres de 500 à 999 (2)

Connaissance des nombres : Trouver les 2 multiples de 10 encadrant un nombre donné compris entre 0 et 490.

Je cherche

1 **Utilise** le compteur de la fiche cartonnée n° 2 et :

a. enlève 1 à chaque fois.

5	4	0	
			− 1
5	3	.	
			− 1
.	.	.	
			− 1
.	.	.	

6	0	2
.	.	.
.	.	.
.	.	.

b. enlève 10.

5	8	0
5	7	0
.	.	.
.	.	.

c. enlève 100.

9	4	2
.	.	.
.	.	.
.	.	.

Je m'entraîne

2 **Relie** les nombres de 2 en 2 **du plus petit au plus grand**, à partir de 498.
C'est l'**ordre croissant**.

3 **Range** les nombres **du plus grand au plus petit**.
C'est l'**ordre décroissant**.

898 501 595 990 672 702 790 909

4 **Complète** le tableau des nombres.

600	610	620	630	640	650	660	670	680	690
		720				760			790
800			830		850			880	
	910			940				980	

5 **Ajoute** le signe >, = ou <.

706 760

599 801

849 851

800 + 4 + 10 .... 800 + 10 + 4

86 Les triangles rectangles

Calcul mental : Calculer des additions réitérées de nombres à un chiffre.
Ex. : 4 + 4 + 4.

Je cherche

1 **a. Marque** les angles droits en **rouge** dans les triangles suivants.

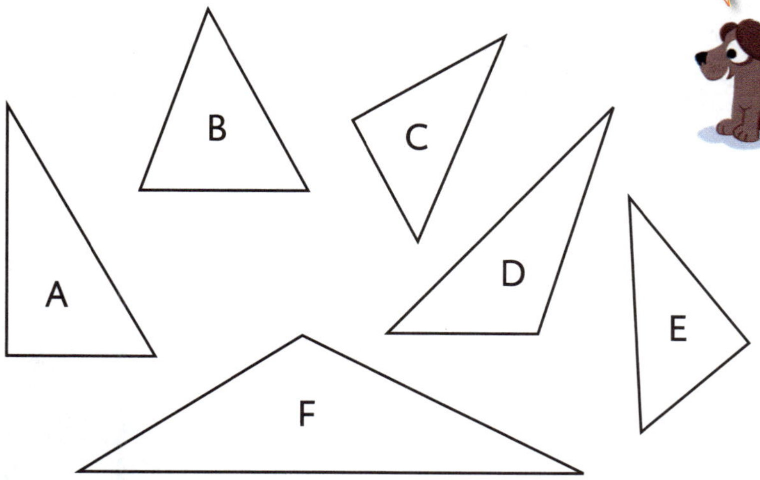

b. Complète le tableau, comme dans l'exemple :

Triangle	Angle droit
A	oui
B	....
C	....
D	....
E	....
F	....

Je m'entraîne

2 **a. Reproduis** cette figure sur du papier-calque.

b. Complète :

Cette figure est un . . . .

- **Utilise** ton équerre pour trouver les angles droits et **marque**-les en **rouge**.
- **Trace** le segment AC.

c. Découpe la figure ABCD en suivant le segment AC.

Complète : Les 2 figures obtenues sont des . . . .

Chaque . . . . a . . . . angle droit. C'est un . . . . rectangle.

3 **Termine** les tracés pour obtenir à chaque fois un triangle rectangle.

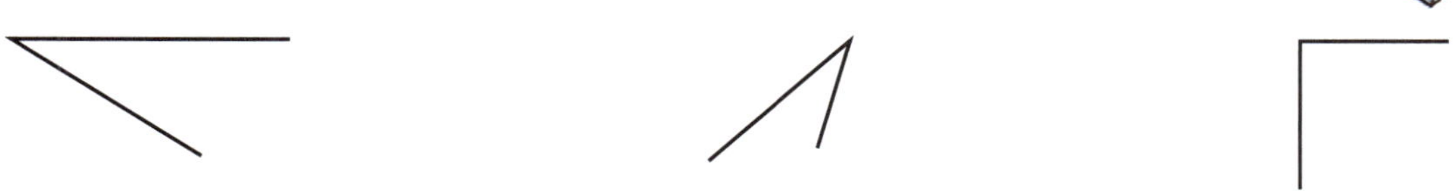

4
- **Trace** un segment AB qui mesure 5 cm.
- **Trace** la droite qui part de A et qui forme un angle droit avec AB.
- Sur cette droite, **marque** le point C à 2 cm de A.

Trace le triangle rectangle ABC.

A •

87 Vers la multiplication (1)

Connaissance des nombres : Trouver le multiple de 100 le plus proche d'un nombre donné.

Je cherche

1 **a.** Pour jouer à la chasse aux trésors, les enfants du centre de loisirs font 4 équipes de 6 enfants. **Observe** :

6 + 6 + 6 + 6

- Il y a 4 groupes de 6 enfants.

On dit aussi **4 fois 6** enfants,

et on écrit **4 × 6**.

- **Combien** font **4 × 6** ? **Complète** : 4 × 6 = ...   En tout, il y a .... enfants.

b. Si pour un autre jeu, on fait 3 groupes de 8 enfants, on peut écrire :

.... + ... + ... = ...   ou   .... × .... = ...

Je m'entraîne

2 **Complète** les écritures.

5 + 5 + 5 = ...

3 × 5 = ...

8 + ... + ... + ... = ...

4 × .... = ...

.... + ... = ...

2 × .... = ...

3 **Complète** les écritures.

3 × 10 = ...

.... + ... + ... = ...

.... × .... = ...

.... + ... + ... + ... = ...

4 **Complète** les écritures et **écris** le résultat, comme dans l'exemple.

a. 3 + 3 + 3 + 3 + 3 = 5 × 3 = 15

6 + 6 + 6 = ... × .... = ...

4 + 4 + 4 + 4 = ... × .... = ...

b. 2 × 6 = ... + ... = ...

4 × 5 = ... + ... + ... + ... = ...

3 × 7 = ... + ... + ... = ...

88 Résoudre des problèmes à plusieurs questions

Calcul mental : Calculer la moitié d'un nombre à deux chiffres à partir de moitiés connues. *Ex. : la moitié de 68, c'est la moitié de 60 + la moitié de 8.*

....	....	....	....	....

Lis attentivement chaque problème.
Écris l'opération et **indique** la réponse.

1 Pour faire sa salade de fruits, Papa a 28 oranges et 35 bananes. Il a déjà épluché 12 oranges et 8 bananes.

- **Combien** lui reste-t-il d'oranges à éplucher ?

Opération : ....

Réponse : ....

- **Combien** lui reste-t-il de bananes à éplucher ?

Opération : ....

Réponse : ....

2 Pour la fête d'anniversaire de sa sœur, Jules a acheté 12 caramels, 7 guimauves et 14 réglisses. Comme il y a de nouveaux invités, il rachète 9 caramels et 8 réglisses.

- **Combien** y aura-t-il de réglisses en tout ?

Opération : ....

Réponse : ....

- **Combien** y aura-t-il de bonbons en tout ?

Opération : ....

Réponse : ....

3 Depuis l'ouverture du garage ce matin, 17 voitures et 36 camionnettes sont parties. Il reste maintenant dans le garage 118 voitures et 48 camionnettes.

- **Combien** y avait-il de voitures dans le garage avant l'ouverture ?

Opération : ....

Réponse : ....

- **Combien** y avait-il de camionnettes dans le garage avant l'ouverture ?

Opération : ....

Réponse : ....

89 Vers la multiplication (2)

Connaissance des nombres : Écrire des nombres à 3 chiffres sous la forme d'une décomposition additive de 2 nombres du type c + u. *Ex. : 786 = 700 + 86.*

Je cherche

1 Diego a rangé ses petits dinosaures. **Complète :**

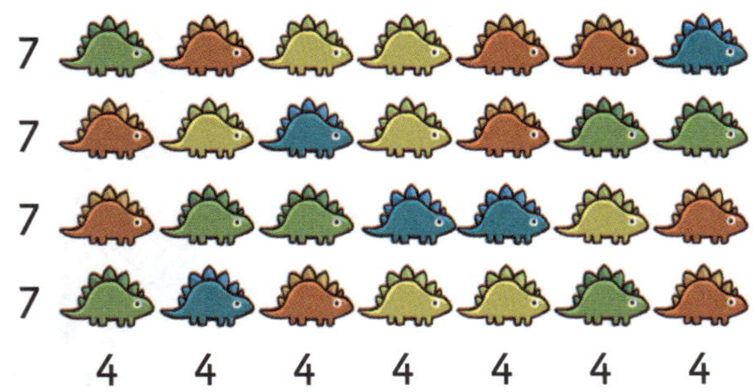

- Il y a 4 lignes de 7 dinosaures.

On écrit 4 × . . . . = ... dinosaures.

- Il y a 7 colonnes de 4 dinosaures.

On écrit 7 × . . . . = ... dinosaures.

- 4 × . . . . = 7 × . . . . = ...

En tout, il y a . . . . dinosaures.

Je m'entraîne

2 **Écris** le nombre d'objets de 2 façons différentes, avec les signes + et ×.

. . . . + ... + ... = ... × . . . . = ...

. . . . + ... + ... + ... = ... × . . . . = ...

3 **Écris** le nombre d'objets de 2 façons différentes, avec le signe ×.

. . . . × . . . . = ... × . . . .

4 **Relie** chaque collection aux 2 écritures qui conviennent.

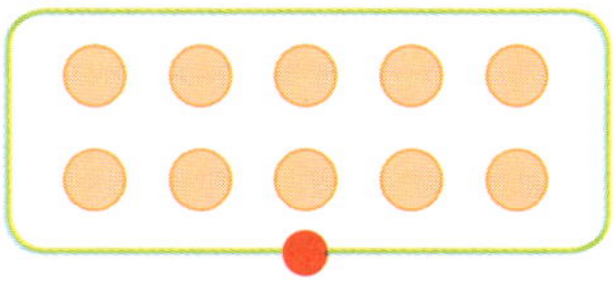

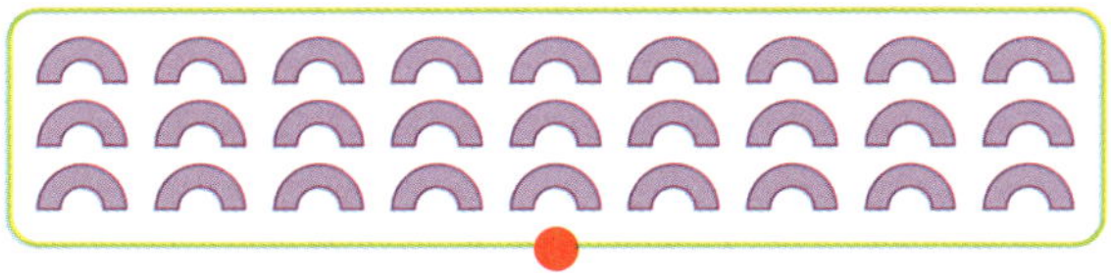

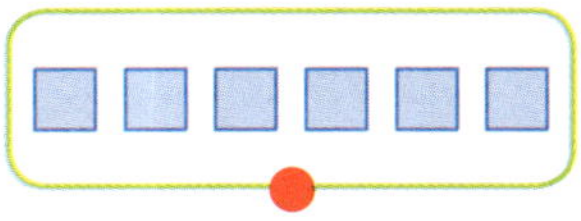

5 × 2   3 × 9   2 × 5   6 × 1   9 × 3   1 × 6

5 **Ajoute** des jetons dans les carreaux pour obtenir :

8 × 2 = 2 × 8

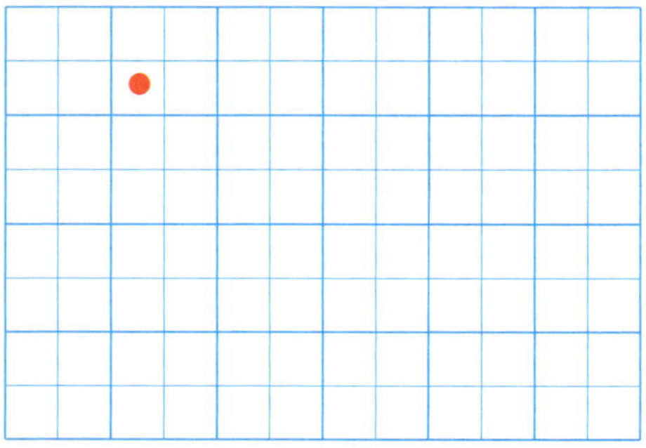

9 × 4 = 4 × 9

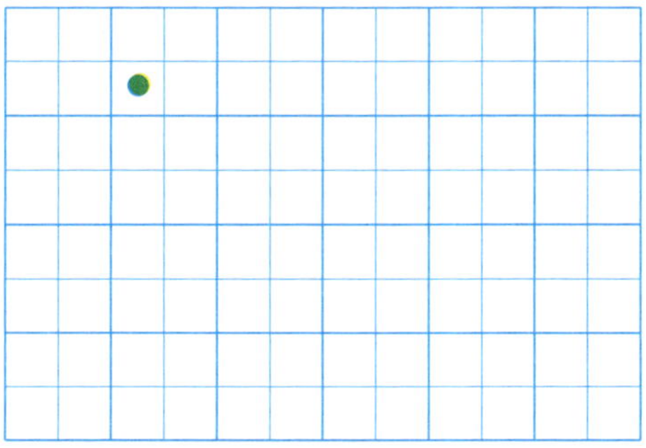

90 Les carrés

Connaissance des nombres : Dans des séries de nombres compris entre 0 et 999, trouver le plus petit et le plus grand.

Je cherche

1 a. **Observe** les figures et **complète** le tableau, comme dans l'exemple.

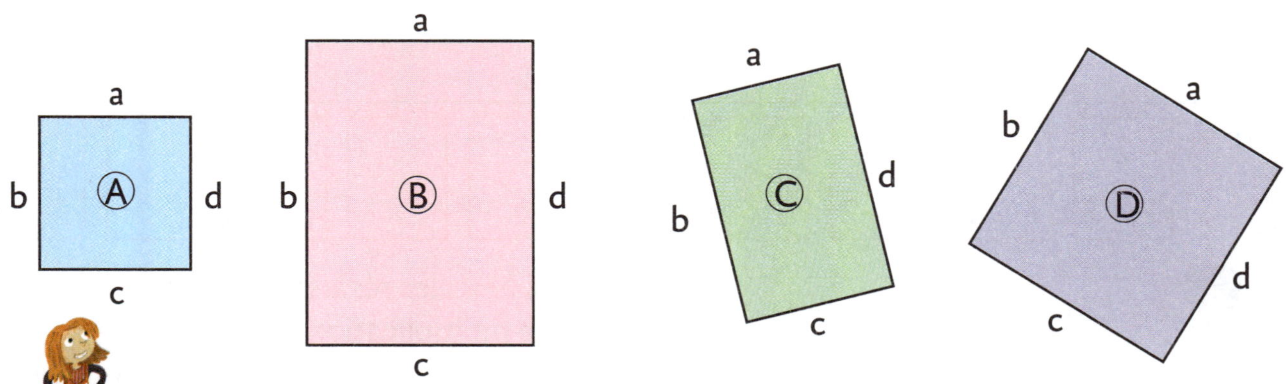

	Nombre d'angles droits	Mesure du côté *a*	Mesure du côté *b*	Mesure du côté *c*	Mesure du côté *d*
Ⓐ	4	2 cm	2 cm	2 cm	2 cm
Ⓑ	....	.... cm	.... cm	.... cm	.... cm
Ⓒ	....	.... cm	.... cm	.... cm	.... cm
Ⓓ	....	.... cm	.... cm	.... cm	.... cm

b. **Complète** :

- Quelles figures sont des **rectangles** ? ....
- Quelles figures sont des **carrés** ? ....

Je m'entraîne

2 a. La figure ABCD est un carré. **Pourquoi** ?

....

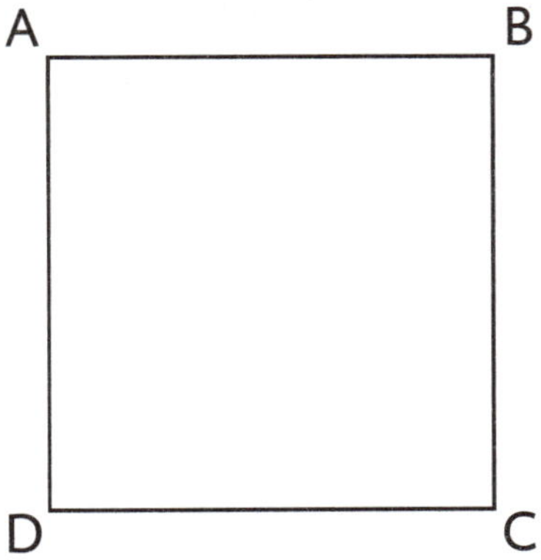

b. **Trace** les segments AC et BD.
AC et BD ont la même longueur.
Vérifie en utilisant une bande de papier unie.

c. **Colorie** les 4 angles formés par AC et BD en se coupant.

Comment s'appellent ces angles ? ....
Vérifie avec ton équerre.

3 • Avec l'**équerre** et le **double décimètre**, **trace** un carré EFGH de 5 cm de côté sur une feuille blanche.

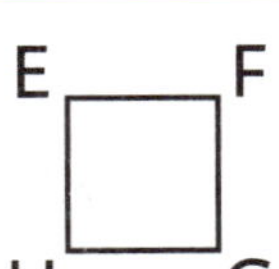

• **Trace** EG et FH. Si tu as bien tracé le carré, EG et FH ont la même mesure. **Vérifie** avec une bande de papier.

91 Multiplier par 2 et par 4

Connaissance des nombres : Écrire des nombres à trois chiffres en lettres.

....

Je cherche

1 **a.** La puce part de 0 et fait des sauts de 2 en 2. **Complète :**

+ 2

0

2	4	.....	.....	.....	.....	.....	.....	.....	.....
1 × 2	2 × 2	3 × 2	... × ...	... × ...	... × ...	... × ...	... × ...	... × ...	... × ...

> Tu as complété la table de 2.
> Les nombres se suivent de 2 en 2 :
> ce sont des **multiples** de 2.

b. Écris les résultats dans la table de multiplication de la page 144 (sur la ligne du 2 et dans la colonne du 2).

Je m'entraîne

2 **Complète** les suites des multiples de 2 :

en avançant

16 – 18 – .... – .... – 24 – .... – .... – ....

en reculant

24 – 22 – .... – .... – .... – .... – .... – 10

3 **Entoure** les multiples de 2.

8 18 12 7 10

17 20 4 3

9 21 28

4 **Complète** le tableau :

le nombre	5	10	20	30	40
le double	.....	.....	.....	.....	.....

5 **a. Observe** et **complète.**

m 2 ⟶ multiplier par 2

	1	2	3	4	5	6	7	8	9	10	
m2	2	4	6	8	.....	.....	.....	.....	.....	.....	m.....
m2	4	8	12	16	.....	.....	.....	.....	.....	.....	

Pour **multiplier un nombre par 4** :
– je multiplie le nombre par 2,
– puis je multiplie son résultat par 2.

b. Observe la dernière ligne du tableau et **complète** :

Dans la table de 4, les nombres se suivent de .... en ....

c. Écris les résultats dans la table de multiplication de la page 144 (sur la ligne du 4 et dans la colonne du 4).

92 Bilan-Révisions

1 **Relie** les nombres de 2 en 2 du plus **petit** au plus **grand**.

689 693 696 700 699
691 695 698 697 701

2 **Complète** les écritures, comme dans l'exemple.

$5 + 5 + 5 + 5 = 4 \times 5 = 20$

$10 + 10 + 10 =$ .... $\times$ .... $=$ ....

$7 + 7 + 7 + 7 + 7 =$ .... $\times$ .... $=$ ....

3 **Écris** le nombre d'objets avec le signe $\times$.

3 + 3 + 3 + 3 + 3

5 + 5 + 5

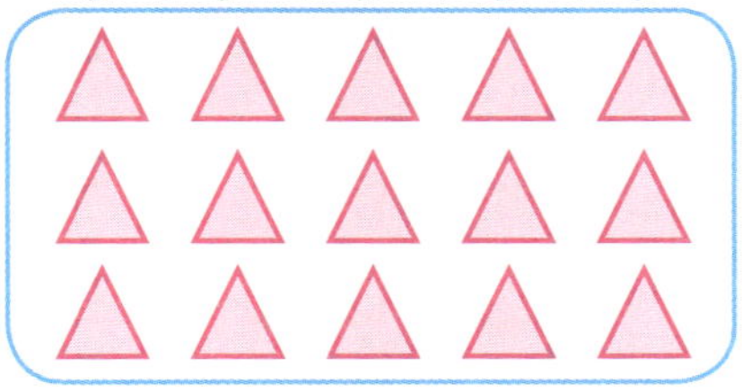

$3 \times 5 = 5 \times$ .... $=$ ....

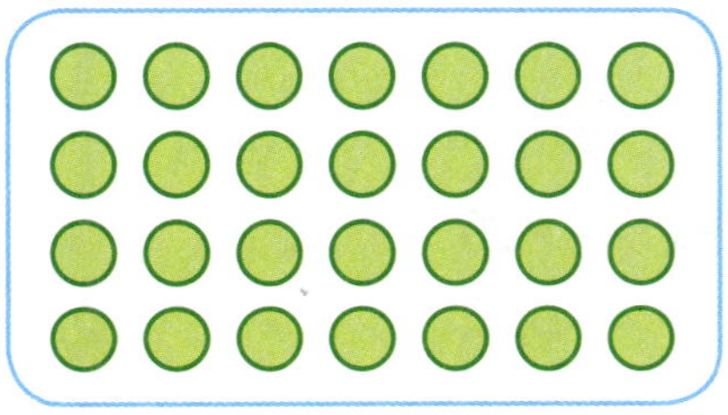

.... $\times$ .... $=$ .... $\times$ .... $=$ ....

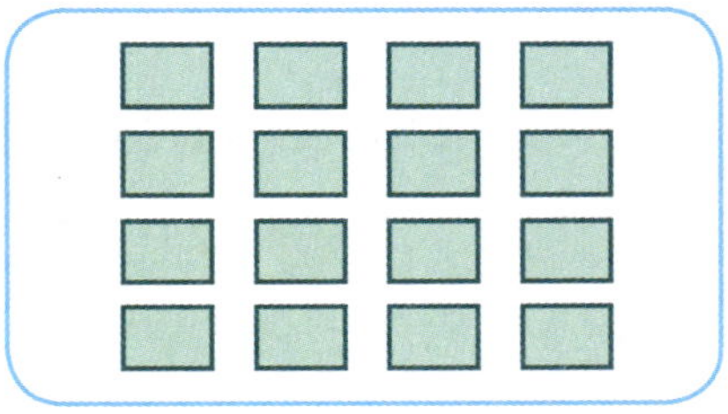

.... $\times$ .... $=$ .... $\times$ .... $=$ ....

4 **Partage** le rectangle en 2 triangles.

Complète :

Chaque triangle est un triangle ....

car ....

5 **Trace** un carré de 3 cm de côté, à l'aide du **double décimètre** et de l'**équerre**.

	oui	pas encore
1 Je sais compter de 2 en 2 à partir d'un nombre à 3 chiffres.		
2 Je sais associer une écriture additive et une écriture multiplicative.		
3 Je sais écrire un nombre sous la forme d'un produit.		
4 Je sais reconnaître des triangles rectangles.		
5 Je sais tracer un carré.		

93 Comparer et ordonner les nombres jusqu'à 999

Calcul mental : Connaître les résultats de la table de multiplication par 2.

.....	.....	.....	.....	.....

Je m'entraîne

1 **Compare** les nombres avec < ou >, comme dans l'exemple.

92 > 82	851 951	474 494
70 74	143 743	619 609
19 99	576 676	903 899

2 **Range** les nombres dans l'ordre croissant (du plus petit au plus grand).

288 278 208 258 218

....

le plus petit

3 **Range** les nombres dans l'ordre décroissant (du plus grand au plus petit).

643 646 641 649 642

....

le plus grand

4 **Place** les nombres sur la droite numérique, comme dans l'exemple.

752 – 716 – 550 – 648 – 520 – 407 – 690

400 500 600 700 800

648

5 **Compare** avec <, = ou >.

128 .... 120 + 30 + 8	412 .... 412 – 2
700 + 11 .... 700 + 10 + 1	399 .... 400 – 1
300 + 80 + 2 .... 300 + 50 + 10 + 2	400 – 100 .... 350 – 50

6 **Trouve** la règle et **complète** les suites de nombres.

a. 295 – 296 – 297 – .... – .... – .... – .... – .... – .... – ....

b. 406 – 405 – 404 – .... – .... – .... – .... – .... – 398

c. 161 – 171 – 181 – .... – .... – .... – .... – .... – 241

d. 791 – 781 – 771 – .... – .... – .... – 731

94 Lire l'heure (2)

Calcul mental : Trouver les résultats de produits par 2. *Ex. : Combien font 2 × 4, 2 × 5, 6 × 2, 9 × 2 ?*

Je cherche

1 a. **Observe** l'horloge et **complète** les minutes.

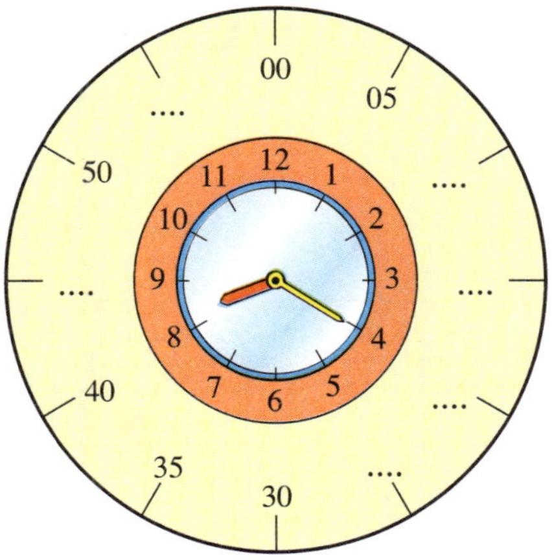

b. C'est le matin. **Complète** : Il est . . . . heures . . . . minutes.

2 **Complète** :

- 1 heure = ... minutes.
- Lorsque la grande aiguille est sur le 7, cela indique . . . . minutes.
- Lorsque la grande aiguille est sur le 1, cela indique . . . . minutes.

3 **Dessine** les aiguilles des **minutes** correspondant aux heures indiquées.

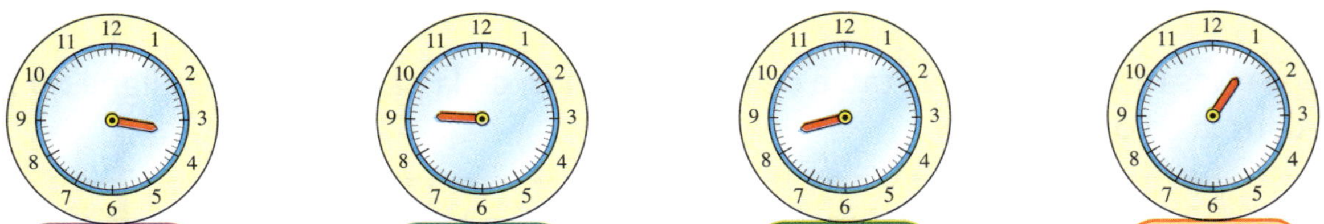

3 h 35 | 9 h 10 | 8 h 55 | 1 h 05

Je m'entraîne

4 C'est le matin. **Indique** l'heure.

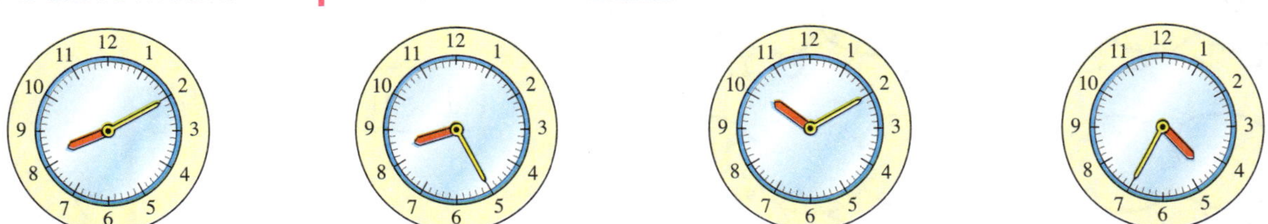

.... h .... | .... h .... | .... h .... | .... h ....

5 C'est le soir.

a. **Indique** l'heure.

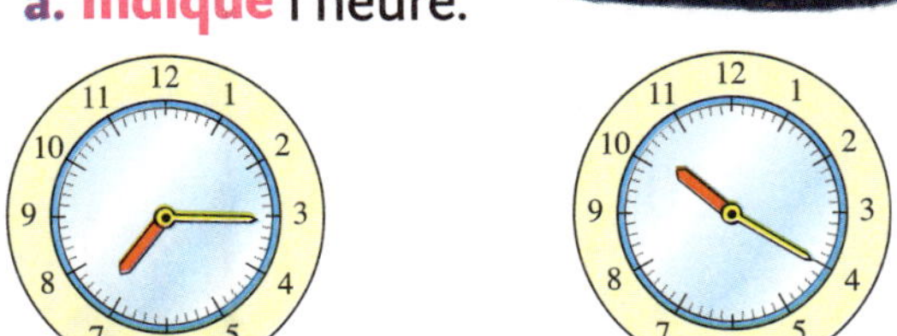

.... h .... | .... h ....

b. **Dessine** les 2 aiguilles.

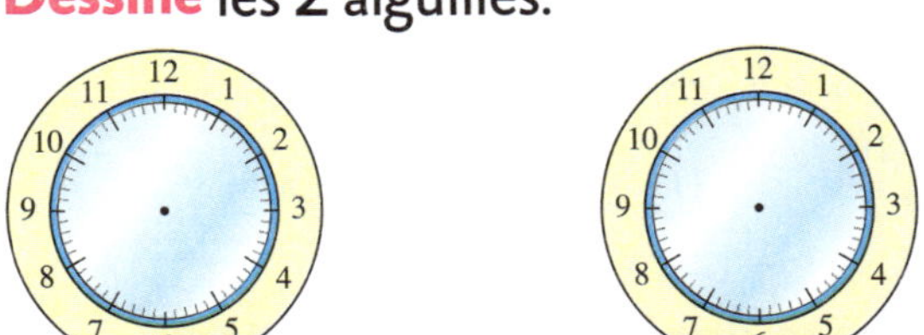

23 h 30 | 18 h 40

95 Multiplier par 5

Connaissance des nombres : Compter de 1 en 1 à partir d'un nombre compris entre 0 et 999, dans l'ordre croissant.

....	....	....	....	....

Je cherche

1 **Calcule** les sommes d'argent et **complète**.

. . . . × 5 = ...

. . . . €

. . . . × . . . . = ...

. . . . €

. . . . × . . . . = ...

. . . . €

2 a. **Complète** la table de 5.

×	1	2	3	4	5	6	7	8	9	10
5	5	10	....	....	....	....	....	....	....	....

b. **Complète** : Dans la table de 5, les nombres se suivent de . . . . en . . . .

On appelle ces nombres des **multiples** de . . . . . Ils se terminent par . . . . ou par . . . .

c. **Écris** les résultats dans la table de multiplication de la page 144 (sur la ligne du 5 et dans la colonne du 5).

Je m'entraîne

3 **Complète** les suites des multiples de 5.

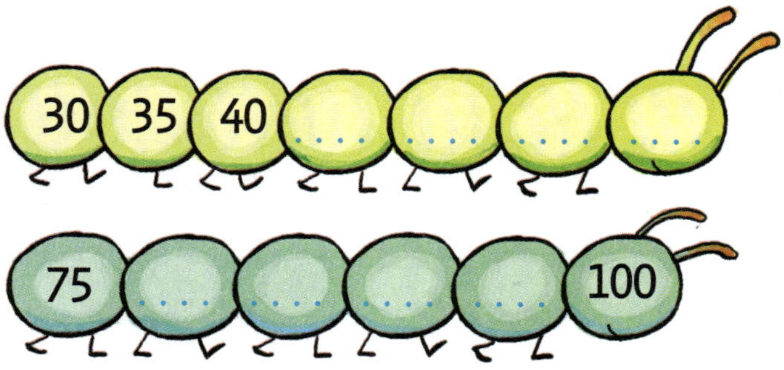

4 **Relie** les produits du plus grand au plus petit.

1 × 5 → 5 × 2

5 × 3

5 × 5

6 × 5

5 × 8

7 × 5

5 **Observe** et **complète**.

	1	2	3	4	5
m2	2	....	....	....	....
m5	10	....	....	....	....

m........

Les multiples de 10 se suivent

de . . . . en . . . .

6 **Entoure** les multiples de 10.

30 90 63

80 45

20

55

96 Reproduire une figure (3)

Calcul mental : Connaître les résultats de la table de multiplication par 5.

Je m'entraîne

1 **Reproduis** la figure suivante en utilisant le **double décimètre**.

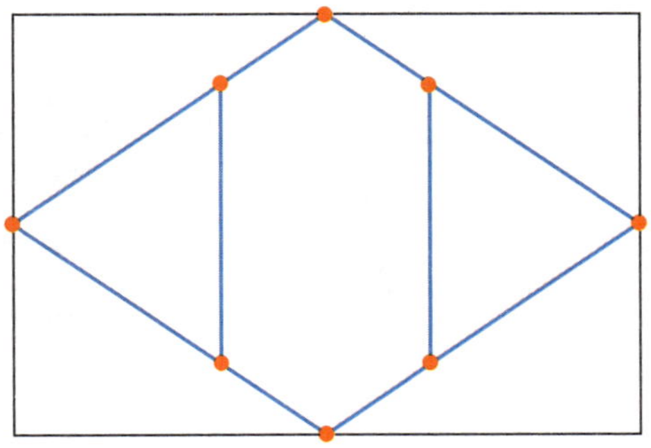

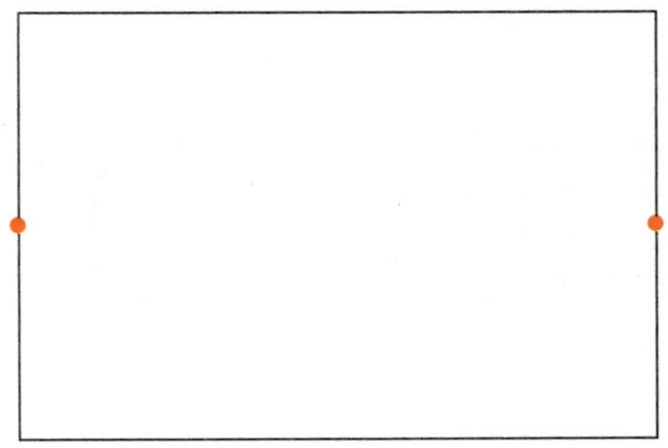

2 **Reproduis** la figure suivante en utilisant le **double décimètre** et l'**équerre**.
Pour t'aider, utilise les pointillés et les points.

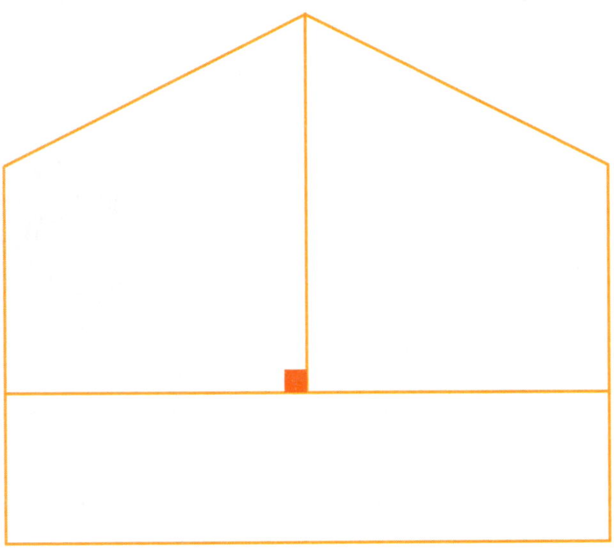

3 **Reproduis** la figure suivante en doublant sa taille.

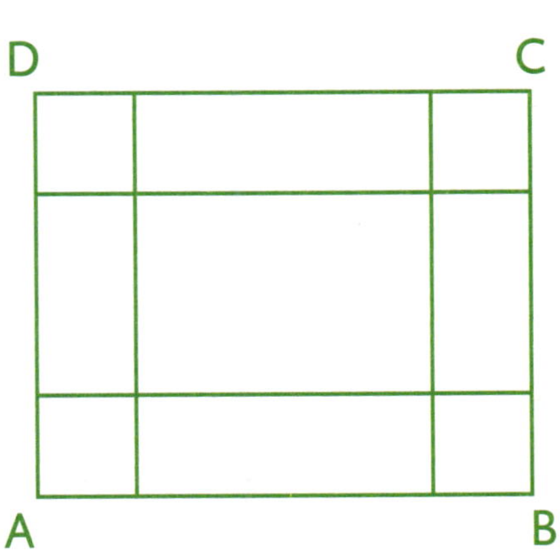

97 Multiplier par 3

Calcul mental : Trouver les résultats de produits par 5.

Je cherche

1 Les petites voitures sont vendues par lot de 3.
Combien y a-t-il de petites voitures à chaque fois ? **Complète** :

4 × 3 = ...   5 × 3 = ... × .... = ... × .... = ...

2 **a. Complète** la table de 3 :

×	1	2	3	4	5	6	7	8	9	10
3	3	6	....	....	....	....	....	....	....	....

+ 3   + 3

b. Complète : Dans la table de 3, les nombres se suivent de .... en ....

On appelle ces nombres des **multiples** de ....

c. Écris les résultats dans la table de multiplication de la page 144 (sur la ligne du 3 et dans la colonne du 3).

Je m'entraîne

3 **Complète** les suites des multiples de 3 :

- **en avançant**

6 – 9 – .... – .... – .... – .... – .... – ....

- **en reculant**

27 – 24 – .... – .... – .... – .... – .... – ....

4 **Entoure** les multiples de 3.

21   12   2   8
14   30   24
9   16   15

5 **Relie** les nombres à l'écriture qui convient.

18   27   24   15   12

3 × 3   8 × 3   6 × 3   4 × 3   3 × 5   9 × 3   3 × 7

6 **Observe** l'exemple et **calcule** :

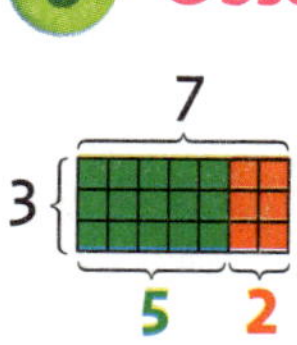

7 = 5 + 2
3 × 7 = (3 × 5) + (3 × 2)
15 + 6 = 21

15 = 10 + 5
3 × 15 = (3 × ....) + (3 × ....)
.... + ... = ...

98 Résoudre des problèmes en plusieurs étapes

Calcul mental : Parmi un ensemble de multiples pris dans la table de multiplication, trouver les multiples de 2.

Lis attentivement chaque problème. Complète les opérations et indique la réponse.

1 Paul avait 43 € dans sa tirelire. Pour son anniversaire, son père lui donne 25 €. Paul achète une cuisinière en bois qu'il paie 56 €.
Combien a-t-il dans sa tirelire maintenant ?

- **1re étape :** Dans sa tirelire, Paul a

43 + 25 = ...

- **2e étape :** Après l'achat, il reste à Paul

.... – . . . . = ...

- **Réponse :** . . . .

2 Julia a 265 €. Elle a acheté une robe de princesse à 32 €, un sac de jonglage à 47 € et un panneau de basket à 61 €.
Combien lui reste-t-il après avoir fait ses achats ?

- **1re étape :** Julia a acheté

. . . . + ... + ... = ...

- **2e étape :** Après ses achats, il reste à Julia

265 – .... = ...

- **Réponse :** . . . .

3 Nassima veut acheter un paquet de bonbons à 4 €, un casque de pompier à 12 € et un jeu de société à 24 €. Au moment de payer, elle s'aperçoit qu'il lui manque 9 €.
Combien a-t-elle d'argent dans son porte-monnaie ?

- **1re étape :** Nassima doit payer

. . . . + ... + ... = ...

- **2e étape :** Elle a dans son porte-monnaie

.... – . . . . = ...

- **Réponse :** . . . .

99 La table de multiplication

Connaissance des nombres : Ranger des nombres compris entre 0 et 999 dans l'ordre croissant et décroissant.

Je cherche

1 **a. Observe** la table de multiplication que tu as commencée à la fin de ton livre.

×	1	2	3	4	5	6	7	8	9	10
1	1	2	3	4	5	6	7	8	9	10
2	2	4	6	8	10	12	14	16	18	20
3	3	6	9	12	15	18	21	24	27	30
4	4	8	12	16	20	24	28	32	36	40
5	5	10	15	20	25	30	35	40	45	50
6	6	12	18	24	30	.....	.....	.....	.....	.....
7	7	14	21	28	35	.....	.....	.....	.....	.....
8	8	16	24	32	40	.....	.....	.....	.....	.....
9	9	18	27	36	45	.....	.....	.....	.....	.....
10	10	20	30	40	50	.....	.....	.....	.....	100

b. On veut compléter la table de 6. Tu sais que $5 \times 6 = 30$.
Pour calculer 6×6, on écrit : $6 \times 6 = (5 \times 6) + 6 = 36$.

Complète : $7 \times 6 = (6 \times 6) + 6 =$ . . . . $9 \times 6 = (8 \times 6) +$ . . . . $=$ . . . .

$8 \times 6 = (7 \times 6) +$ . . . . $=$ . . . . $10 \times 6 =$ . . . .

c. Complète la table de 7, de 8 et de 9.

Je m'entraîne

2 À l'aide de la table, **trouve** les résultats.

$7 \times 8 =$ . . . . $9 \times 5 =$ . . . . $8 \times 8 =$ . . . . $6 \times 8 =$ . . . . $5 \times 9 =$ . . . .

3 Dans la table, on observe que $28 = 4 \times 7 = 7 \times 4$.

Cherche dans la table 72 et 48. **Écris**-les sous forme de multiplications.

$72 =$ . . . . $\times$ . . . . $=$ . . . . $\times$ . . . . . $48 =$ . . . . $=$ . . . .

4 Jimmy veut calculer 6×12 mais le résultat n'est pas dans la table.

a. Observe son calcul et **complète**-le :

$12 = 10 + 2$

$6 \times 12 = (6 \times 10) + (6 \times 2)$

. . . . + ... $=$ . . . .

b. Calcule de la même façon, sur ton cahier.

7×14 5×13

100 Bilan-Révisions

1 **Place** les nombres sur la droite numérique, du plus **petit** au plus **grand**.

684 739 666 721 935 653 872 985 841 973

2 **Complète** avec des multiples de 3 qui se suivent.

3 — ...... — ...... — ...... — ...... — ...... — ...... — ...... — ...... — ......

3 **Entoure** les multiples de 5.

40 48 52 35 45 15

21 12 55 50 18 25

24 30 65

4 **Colorie** les multiples de 3.

27 5 21 9 14

18 6 30 25 24

36 26 15 33 12

5 **Reproduis** la figure à l'aide de l'**équerre** et du **double décimètre**.

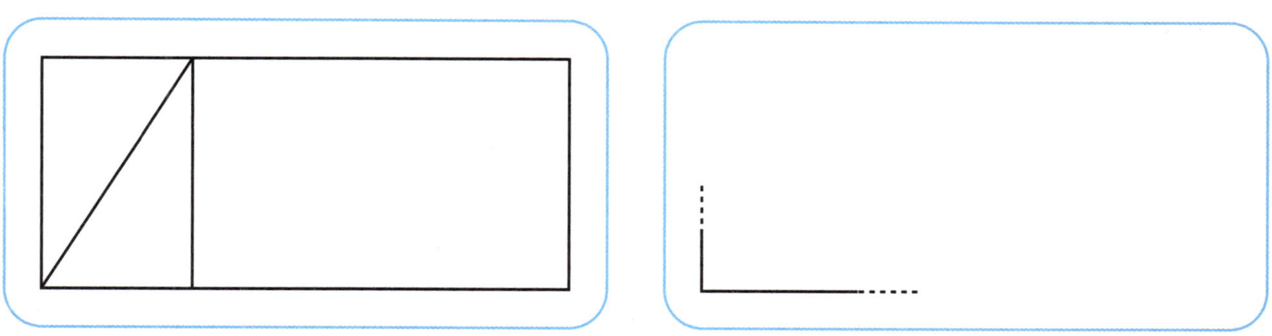

	oui	pas encore
1 Je sais ordonner les nombres jusqu'à 999.		
2 et 4 Je sais reconnaître les multiples de 3.		
3 Je sais reconnaître les multiples de 5.		
5 Je sais reproduire une figure.		

101 Multiplier par 10, 20, 30,... ,100

Calcul mental : Parmi des multiples puisés dans la table de multiplication, trouver les multiples de 5.

Je m'entraîne

Multiplier par 10

1 **a.** La puce saute de 10 en 10. **Complète** :

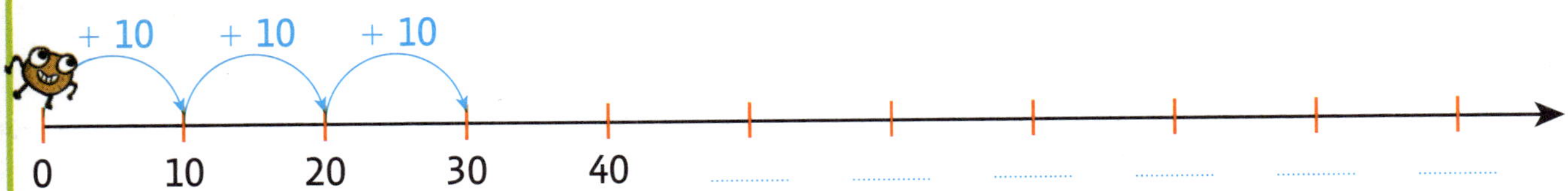

1 × 10 | 2 × 10 | 3 × 10 | 4 × 10 | 5 × 10 | 6 × 10 | ..... × ..... | ..... × ..... | ..... × ..... | ..... × .....

b. Complète : Dans la table de 10, les résultats se suivent de .... en ....

Ce sont des **multiples** de ....

Pour **multiplier** un nombre par 10, on ajoute un 0 à la droite du nombre.

2 **a. Observe** et **complète**.

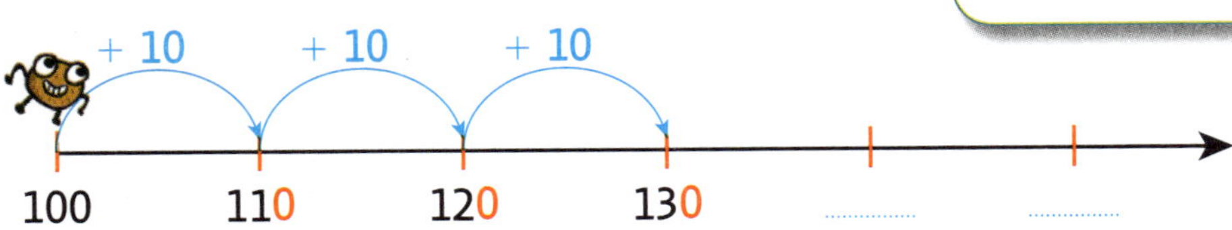

10 × 10 | 11 × 10 | 12 × 10 | 13 × 10 | ..... × ..... | ..... × .....

b. Complète : 21 × 10 = ...   24 × 10 = ...   32 × 10 = ...

Multiplier par 20

3 **a. Observe** et **complète** le tableau.

m2 → m10 → ; m20 →

1	2	20
2	4	40
3	.....	.....
4	.....	.....
5	.....	.....

b. Calcule, comme dans l'exemple.

6 × 20 = 120   8 × 20 = ...

7 × 20 = ...   9 × 20 = ...

Multiplier par 30, par 40

4 **Calcule**, comme dans l'exemple.

6 × 30 = 180   **6 × 40 = 240**

8 × 30 = ...   4 × 40 = ...

7 × 30 = ...   5 × 40 = ...

9 × 30 = ...   3 × 40 = ...

Multiplier par 100

5 **Calcule**, comme dans l'exemple.

2 × 100 = 200   3 × 100 = ...

4 × 100 = ...   5 × 100 = ...

6 × 100 = ...   7 × 100 = ...

8 × 100 = ...   9 × 100 = ...

102 Les unités de masse

Calcul mental : Connaître les résultats de la table de multiplication par 4.

Je cherche

1 **Observe** les balances et **indique** la masse en **grammes** (g) ou en **kilogrammes** (kg) :

de la citrouille

du ballon

de la peluche

. . . .

Je m'entraine

2 **Complète** avec les unités de masse qui conviennent : **g** ou **kg**.

Gateau aux pommes

- 120 . . . . de sucre
- 200 . . . . de farine
- 125 . . . . de beurre
- 3 œufs
- 1 . . . . de pommes
- 1 sachet de levure

3 **Complète** avec le nombre qui convient : 800 28 5

Mehdi pèse .... kg.

La gomme pèse .... g.

L'éléphant pèse .... kg.

4 **Trouve** le poids de chaque animal.

Je pèse 3 kg de moins que la chèvre.

Je pèse 25 kg.

Je pèse 5 kg de plus que le chien.

Complète :

	Poids		Poids		Poids
	.... kg		.... kg		.... kg

103 La multiplication en ligne

Calcul mental : Trouver les résultats de produits par 4. *Ex. : combien font 4 × 5, 4 × 4, 4 × 3… ?*

....	....	....	....	....

Je cherche

1 Nora veut trouver combien il y a de carreaux dans ce quadrillage.

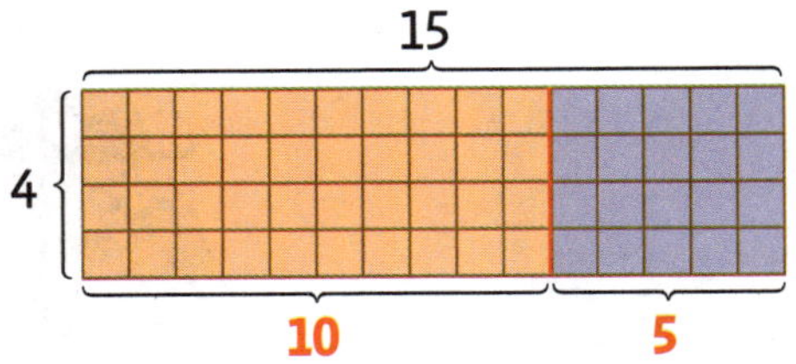

Observe son calcul :

$4 \times 15 = (4 \times 10) + (4 \times 5)$

$40 + 20 = 60$

Complète : Il y a ...... carreaux.

2 **Calcule** le nombre de carreaux.

a.

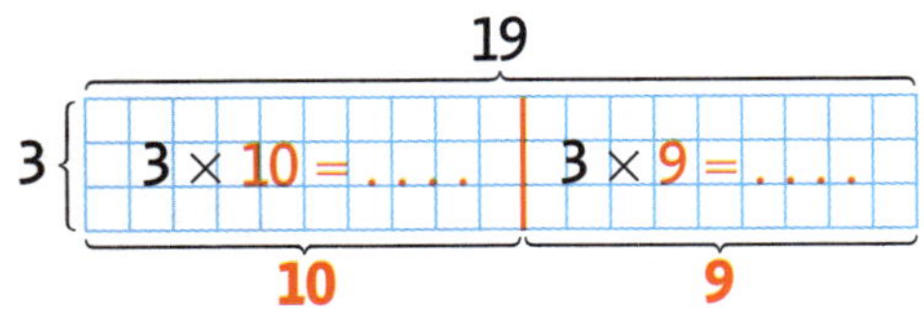

$3 \times 19 = (3 \times ....) + (3 \times ....)$

.... + ... = ...

b.

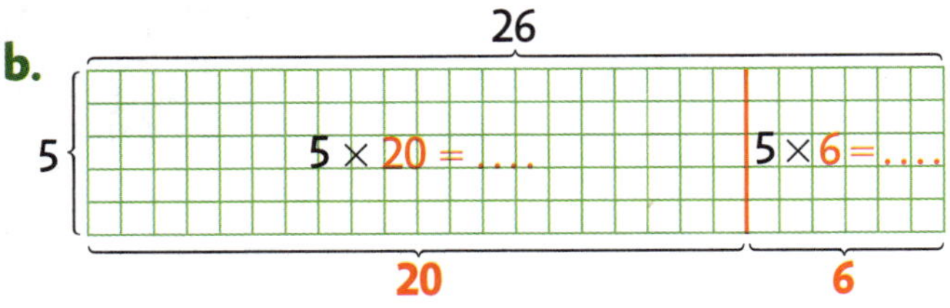

$5 \times 26 = (5 \times ....) + (5 \times ....)$

.... + ... = ...

Je m'entraîne

3 **a. Complète** le calcul.

$5 \times 17 = (5 \times 10) + (5 \times 7)$

.... + ... = ...

b. Calcule de la même façon **7 × 16**.

(.... × ....) + (.... × ....)

.... + ... = ...

4 **a. Complète** le calcul.

$6 \times 23 = (6 \times 20) + (6 \times 3)$

.... + ... = ...

b. Calcule de la même façon **5 × 31**.

(.... × ....) + (.... × ....)

.... + ... = ...

5 **Observe** l'exemple et **calcule** :

$2 \times 314 = (2 \times 300) + (2 \times 10) + (2 \times 4)$

$600 + 20 + 8 = 628$

$4 \times 136 = (4 \times ....) + (4 \times ....) + (4 \times ....)$

.... + ... + ... = ...

$5 \times 216 =$ (.... × ....) + (.... × ....) + (.... × ....)

.... + ... + ... = ...

104 Reconnaître des solides

Calcul mental : Trouver les résultats de produits par 3 jusqu'à 18.

....	....	....	....	....

Je cherche

1 **Relie** chaque image au solide correspondant.

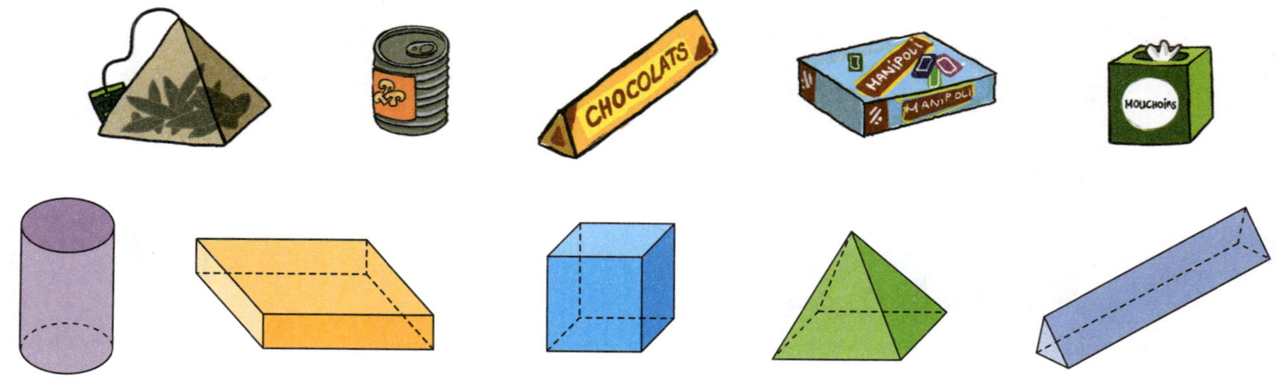

Je m'entraîne

2 **Colorie** :
- en **bleu** les solides qui roulent ;
- en **jaune** les solides qui ne roulent pas.

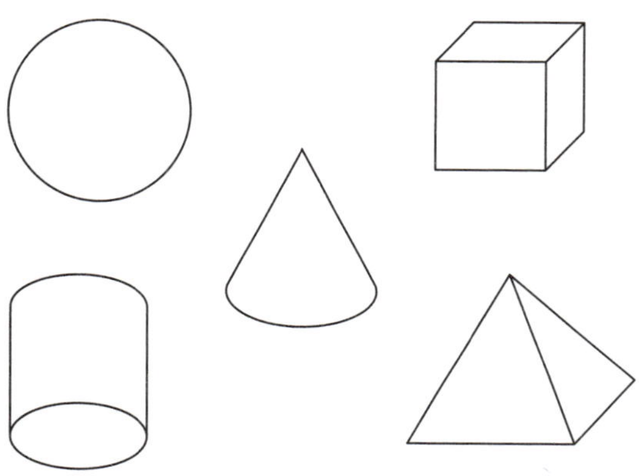

3 **Relie** chaque solide à son empreinte.

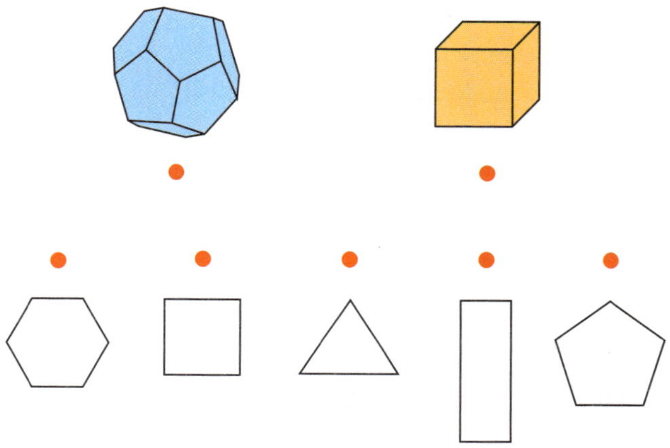

4 **Observe** l'exemple puis **complète** :

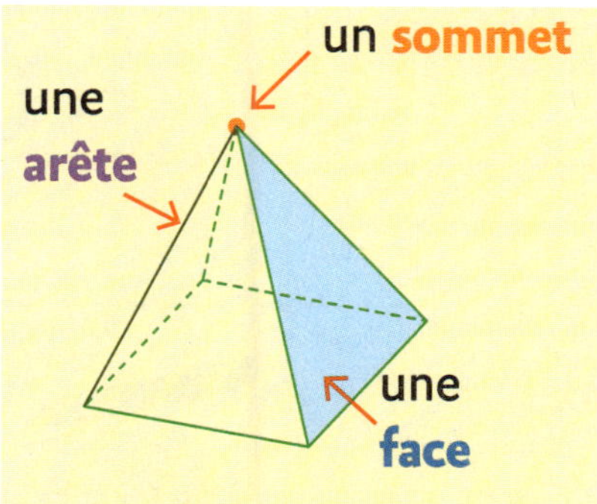

Ce solide a :
5 faces
8 arêtes
5 sommets.

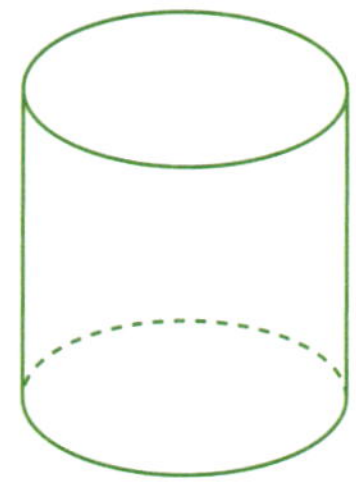

. . . . faces
. . . . arêtes
. . . . sommets.

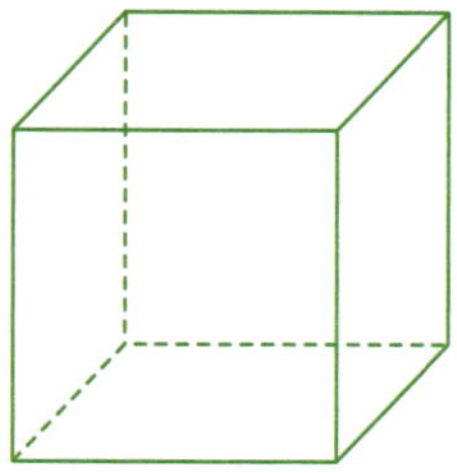

. . . . faces
. . . . arêtes
. . . . sommets.

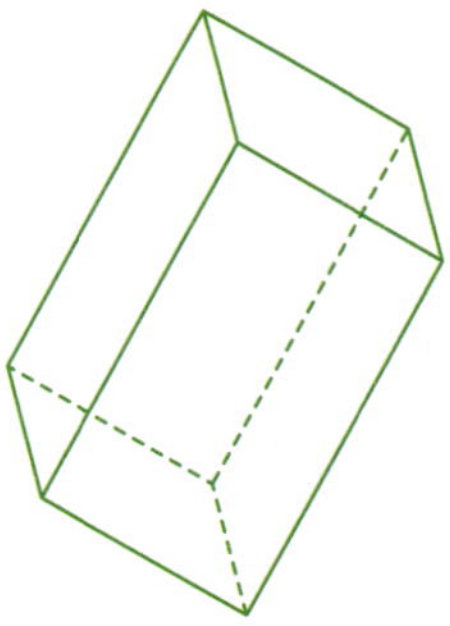

. . . . faces
. . . . arêtes
. . . . sommets.

105 Vers la multiplication en colonnes

Connaissance des nombres : Compter de 1 en 1, à partir d'un nombre compris entre 0 et 999, dans l'ordre décroissant.

Je cherche

1 **a. Trouve** le résultat de 3×125.

$3 \times 125 = (3 \times 100) + (3 \times 20) + (3 \times 5)$

.... + ... + ... = ☐

b. On peut aussi calculer 3×125 d'une autre façon.

Observe et **complète** :

$$\begin{array}{rrrrr} & 100 & + \ 20 & + \ 5 \\ \times & & & 3 \\ \hline & 300 & + \ 60 & + \ 15 & = \square \end{array}$$

Je m'entraîne

2 **Calcule** en ligne puis en colonnes.

$2 \times 113 = (2 \times 100) + (2 \times 10) + (2 \times 3)$

.... + ... + ... = ...

$$\begin{array}{rrrr} & 100 & + \ 10 & + \ 3 \\ \times & & & 2 \\ \hline \end{array}$$

.... + ... + ... = ...

$2 \times 245 = (2 \times \ldots) + (2 \times \ldots) + (2 \times \ldots)$

.... + ... + ... = ...

$$\begin{array}{rrrr} & 200 & + \ 40 & + \ 5 \\ \times & & & 2 \\ \hline \end{array}$$

.... + ... + ... = ...

3 **Calcule** en ligne puis en colonnes.

$36 \times 4 = (30 \times 4) + (6 \times 4)$

.... + ... = ...

$$\begin{array}{rrr} & 30 & + \ 6 \\ \times & & 4 \\ \hline \end{array}$$

.... + ... = ...

$104 \times 5 = (100 \times \ldots) + (4 \times \ldots)$

.... + ... = ...

$$\begin{array}{rrr} & 100 & + \ 4 \\ \times & & 5 \\ \hline \end{array}$$

.... + ... = ...

4 **Calcule** en ligne ou en colonnes puis **complète** l'écriture.

$245 \times 3 = \ldots$

106 Les patrons de solides

Calcul mental : Connaître la 2e moitié de la table de multiplication par 3.

Je cherche

1 **a. Reproduis** la figure suivante sur du papier à **grands carreaux**.

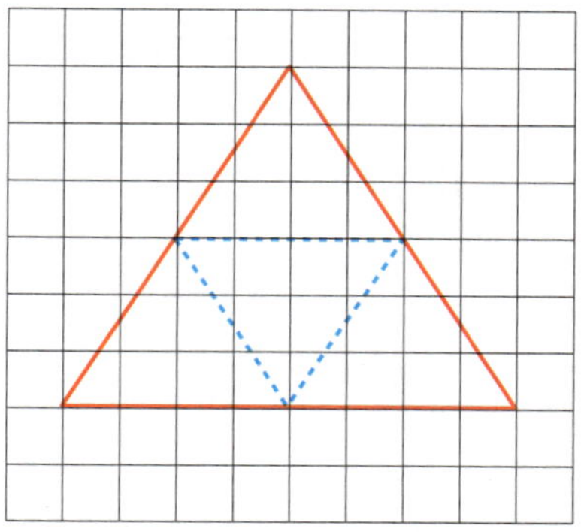

b. Complète :
La figure **rouge** est composée de 4 . . . .

c. Découpe le triangle **rouge** et **plie**-le en suivant les pointillés. Avec du **ruban adhésif**, **colle** les arêtes.

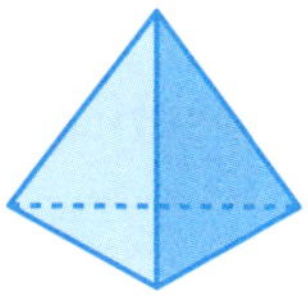

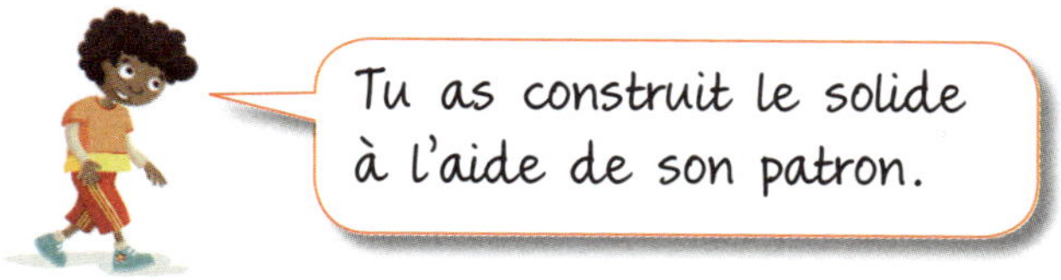

Je m'entraîne

2 **Relie** chaque solide à son patron.

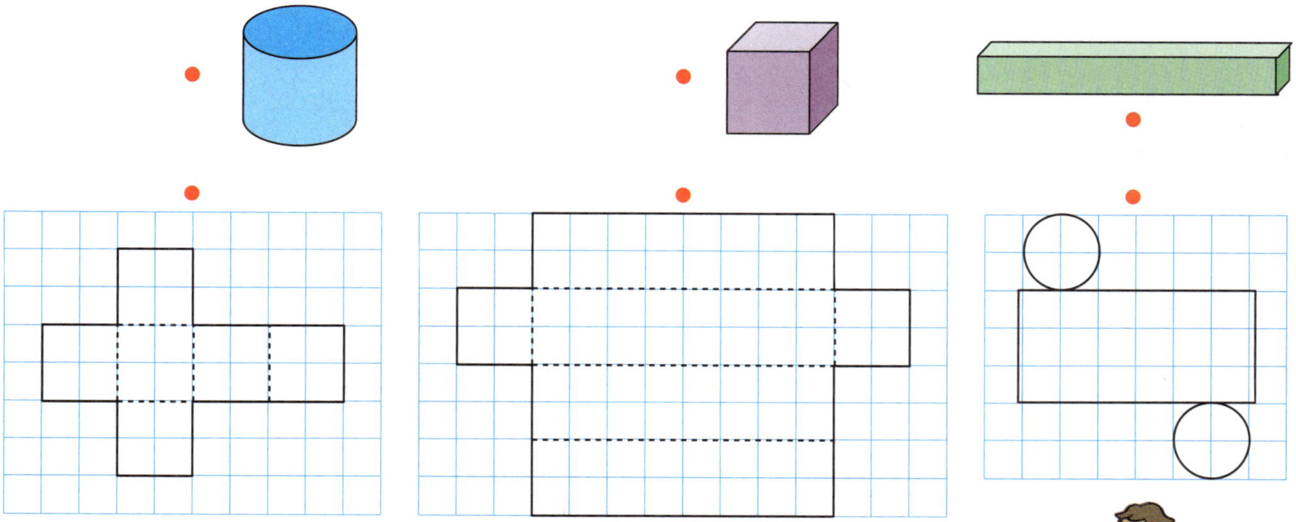

3 **Observe** ce solide :

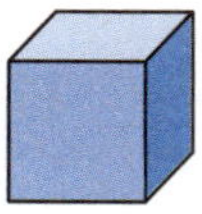

• **Colorie** les 2 patrons qui permettent d'obtenir ce solide.

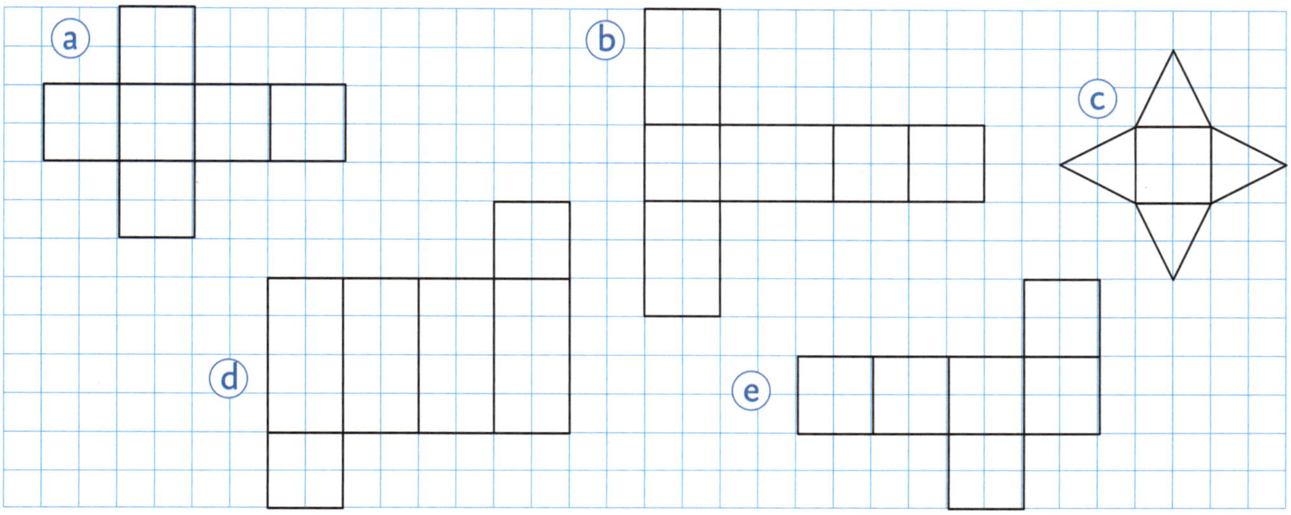

107 La multiplication en colonnes (1)

Calcul mental : Connaître la table de multiplication par 3 en entier.

.....	.....	.....	.....	.....

Je cherche

1 Thomas veut calculer 214×2.

a. Il calcule ainsi.

Complète :

$$\begin{array}{lcccc} & 200 & + & 10 & + & 4 \\ \times & & & & & 2 \\ \hline & \dots & + & \dots & + & \dots & = \dots \end{array}$$

b. Puis il calcule de cette façon :

	c	d	u
	2	1	4
×			2
=	4	2	8

- 2 × 4 unités = 8 unités
- 2 × 1 dizaine = 2 dizaines
- 2 × 2 centaines = 4 centaines

c. **Calcule**, comme dans l'exemple.

	c	d	u
	1	4	3
×			2
=	2	8	6

	c	d	u
	3	2	4
×			2
=	.	.	.

	c	d	u
	3	0	1
×			3
=	.	.	.

	d	u
	3	3
×		3
=	.	.

2 Thomas aide Nora à calculer 28×2.

a. **Observe** :

	d	u
	[1] 2	8
×		2
=	5	6

- 2 × 8 unités = 16 unités
On pose 6 dans la colonne des unités et on retient 1 dizaine.

- 2 × 2 dizaines = 4 dizaines
4 dizaines + 1 dizaine = 5 dizaines
On pose 5 dans la colonne des dizaines.

b. **Calcule** de la même façon.

	3	6
×		2
=	.	.

Je m'entraîne

3 **Calcule**. Attention aux retenues ! **Vérifie** le résultat avec ta calculatrice en utilisant la touche ×.

	1	2	5
×			3
=	.	.	.

	4	1
×		2
=	.	.

	1	3	4
×			2
=	.	.	.

	1	0	2
×			5
=	.	.	.

108 Bilan-Révisions

1 **Complète** les calculs.

$8 \times 13 = (8 \times 10) + (8 \times 3)$

.... + ... = ...

$14 \times 7 = (10 \times 7) + (4 \times 7)$

.... + ... = ...

$6 \times 24 = (.... \times ....) + (.... \times ....)$

.... + ... = ...

$5 \times 45 = (.... \times ....) + (.... \times ....)$

.... + ... = ...

2 **Complète** le calcul de 43×5.

```
   40  +  3
×         5
-----------
 .... + 15 = ....
```

3 **Effectue** les multiplications.

```
   3 9        4 5        1 4 3
×    2     ×    3     ×      3
------     ------     --------
= . .      = . . .    = . . .
```

4 **Complète** avec les unités de masse qui conviennent : **g** ou **kg**.

- Pour faire un gâteau, Luc prépare 300 .... de farine, 120 .... de sucre, 150 .... de beurre et 1 .... de pommes.

- À sa naissance, Sally pesait 3 .... et 400 ....

5 **Relie** le patron au solide correspondant.

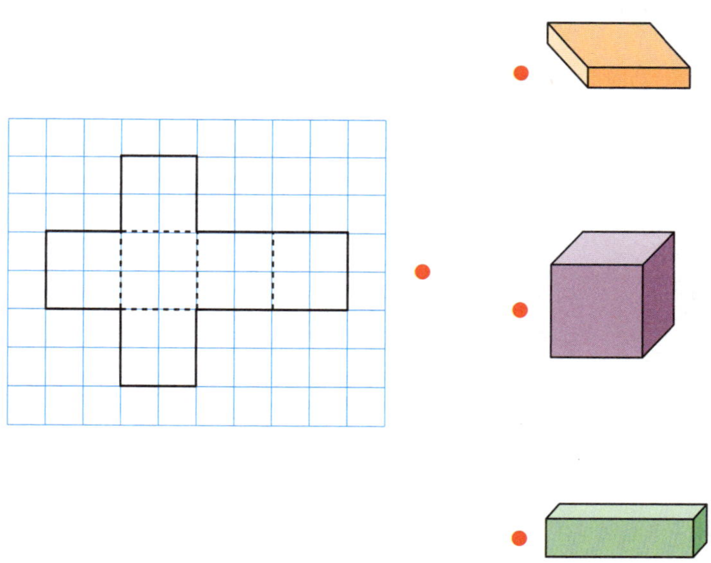

	oui	pas encore
1 Je sais effectuer des multiplications en ligne.		
2 Je sais effectuer une multiplication posée en décomposant les nombres.		
3 Je sais effectuer une multiplication en colonnes.		
4 Je connais les unités usuelles de masses.		
5 Je sais reconnaître le patron d'un solide.		

109 La multiplication en colonnes (2)

Calcul mental : Parmi des multiples puisés dans la table de multiplication, retrouver les multiples de 4.

....	....	....	....	....

Je cherche

1 a. **Calcule** la somme d'argent en ligne puis en colonnes.

$5 \times \mathbf{35} =$

$(5 \times \ldots\ldots) + (5 \times \ldots\ldots)$

$\ldots\ldots + \ldots\ldots = \ldots\ldots$

```
  ²3  5
×     5
---------
=  .  .  .
```

- $5 \times 5 = 25$ unités
On pose 5 dans la colonne des unités et on retient **2** dizaines.

- 5×3 dizaines $= 15$ dizaines
15 dizaines + **2** dizaines = 17 dizaines
On pose 7 dans la colonne des dizaines et 1 dans la colonne des centaines.

b. **Complète :** $5 \times 35 = \ldots\ldots$

Je m'entraîne

2 **Effectue** les multiplications.

```
    5  6        3  4        7  3        4  8
×      5    ×      9    ×      3    ×      4
---------   ---------   ---------   ---------
=  .  .  .  =  .  .  .  =  .  .  .  =  .  .  .
```

3 **Pose** et **calcule**. **Vérifie** le résultat avec ta calculatrice.

$47 \times 3 = \ldots\ldots$

$96 \times 5 = \ldots\ldots$

$4 \times 216 = \ldots\ldots$

```
      .  .          .  .       .  .  .
×        .    ×        .    ×        .
-----------   -----------   -----------
=  .  .  .    =  .  .  .    =  .  .  .
```

4 Myrtille pèse 27 kg. Son grand-père pèse 3 fois plus.
Quel est le poids du grand-père de Myrtille ?
Effectue l'opération sur ton cahier et **écris** la réponse :

....

110 Le pavé droit

Calcul mental : Parmi des multiples puisés dans la table de multiplication, retrouver les multiples de 3.

....	....	....	....	....

Je cherche

1 **a. Observe** le patron sur la fiche cartonnée n° 1.
Complète :
Nombre de faces : . . . .

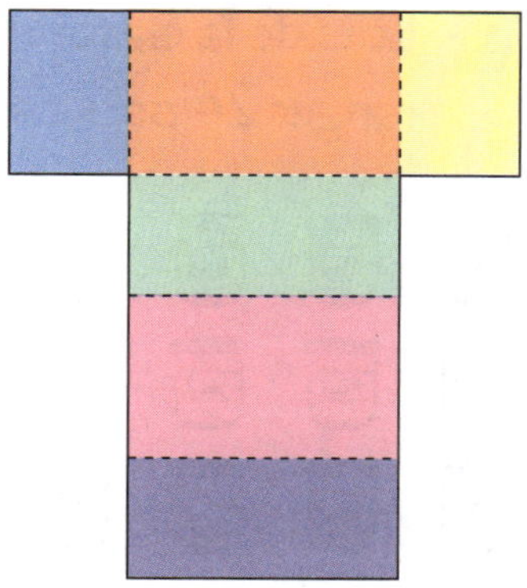

b. Découpe le patron et **plie**-le en suivant les pointillés.
Avec du **ruban adhésif**, **colle** les arêtes.

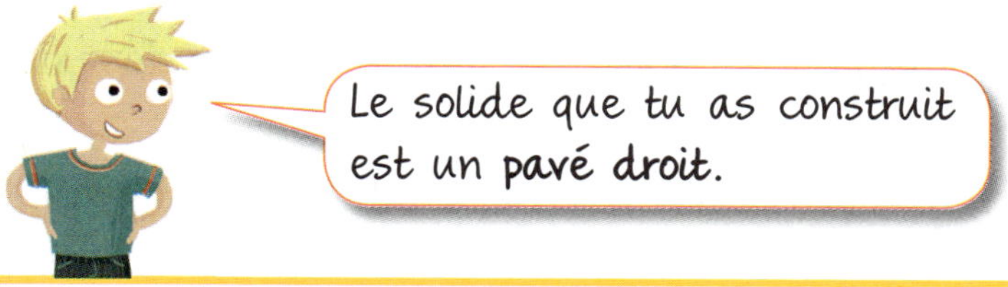

Je m'entraîne

2 **Colorie** les faces de ce patron de la même couleur que les faces de ton pavé droit.

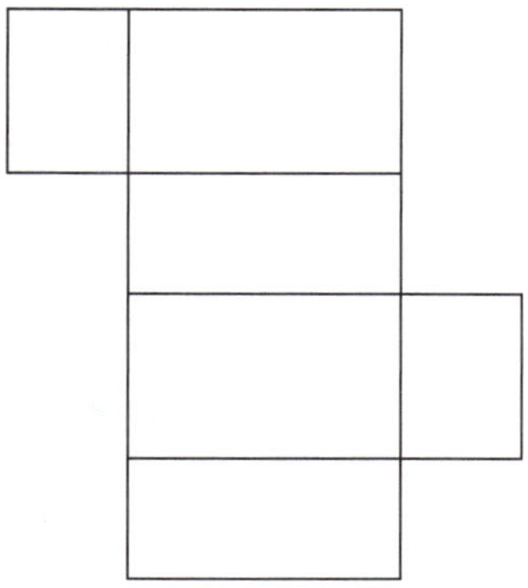

3 **Observe** le solide et **complète** le tableau :

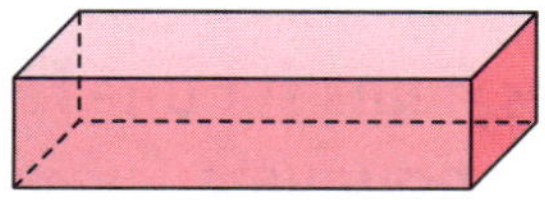

Nom du solide	....
Nombre de **faces**	....
Nombre d'**arêtes**	....
Nombre de **sommets**	....

4 **Observe** les patrons.

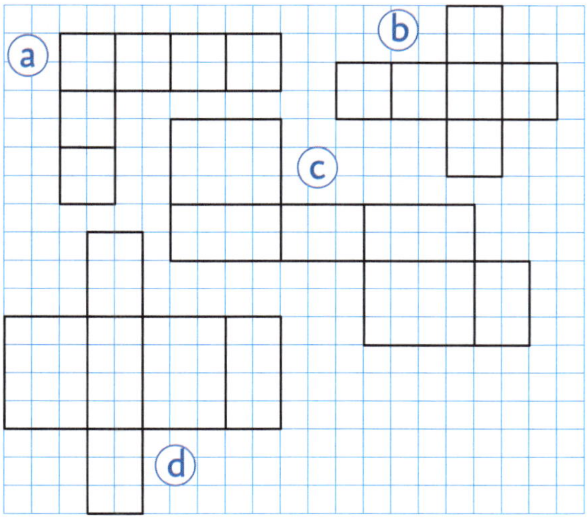

Complète :

. . . . et . . . . sont des patrons de pavés droits.

5 **Combien** faut-il de pavés droits pour réaliser ces assemblages ?
Complète :

.... 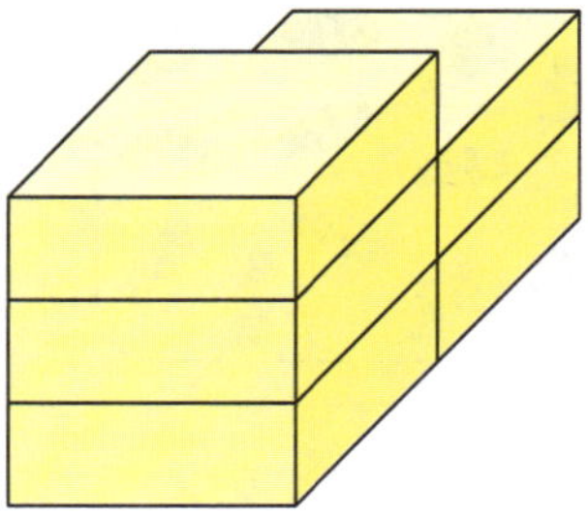

.... 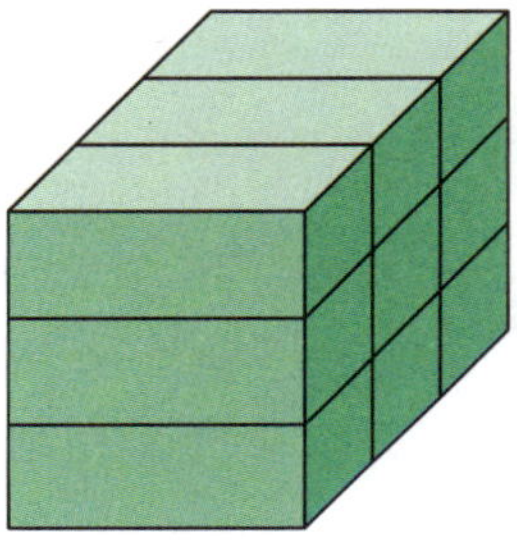

111 Réaliser des partages (1)

Calcul mental : Effectuer des multiplications en ligne sans retenue.
Ex. : 12 × 2 ; 13 × 3 ...

Je cherche

1 Lors de la classe de découverte, les élèves rendent visite à un apiculteur. Il doit ranger 24 pots de miel dans des caisses de 6. **Combien** de caisses peut-il remplir ?

a. Fais les groupements et **complète**.

24 = 6 × ....

Vérifie ta réponse dans la table de multiplication de la page 144.

b. Complète : L'apiculteur peut remplir .... caisses de 6 pots de miel.

2 Jimmy a cueilli 32 tulipes. Il fait 4 bouquets identiques.
Combien y a-t-il de tulipes dans chaque bouquet ?

a. Dessine les fleurs sur une feuille et **entoure** les bouquets.

b. Complète : 32 = 4 × ....

Vérifie ta réponse dans la table de multiplication de la page 144.

Je m'entraîne

3 5 enfants se sont partagé un sac de billes. Chacun a reçu 9 billes.
Combien y avait-il de billes dans le sac ?

Complète : .... × .... = ☐ Le sac contenait ☐ billes.

4 **Partage** 12 bonbons et **complète** :

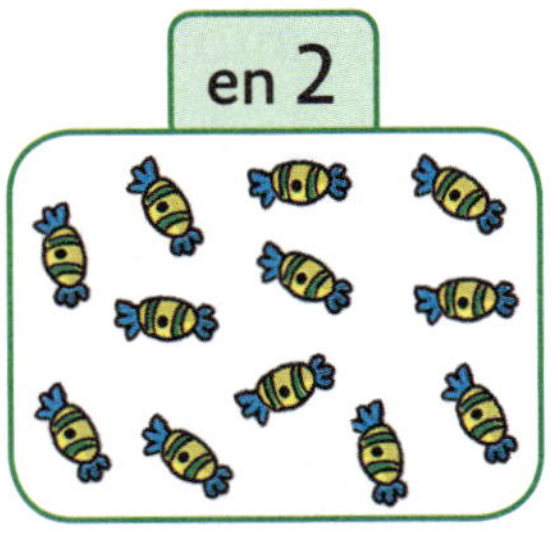

12 = 2 × ....

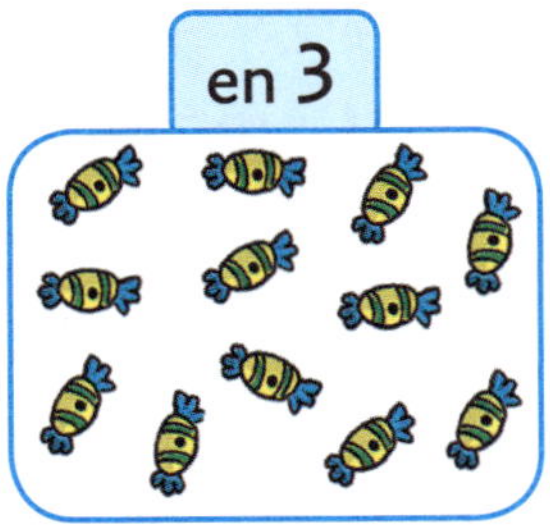

12 = 3 × ....

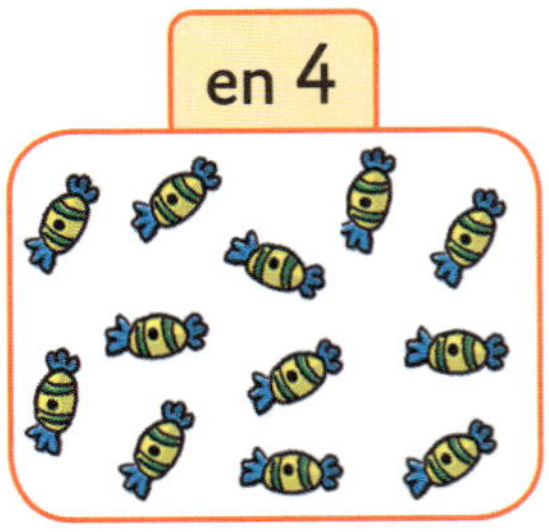

12 = ... × ....

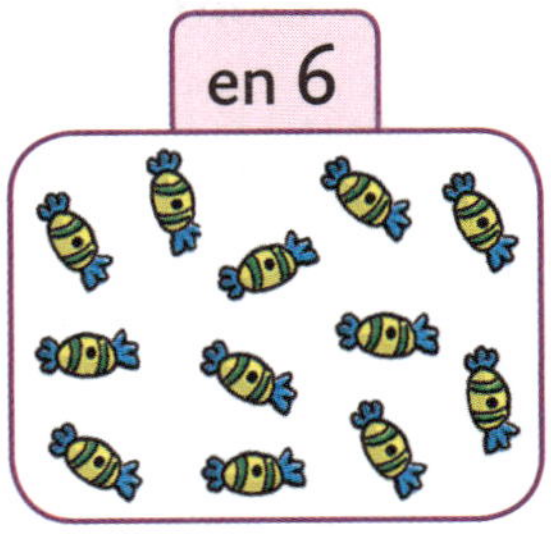

12 = ... × ....

5 **Complète** les égalités en t'aidant de la table de multiplication de la page 144.

36 = 6 × .... 54 = ... × 9 63 = 9 × .... 64 = ... × 8

42 = 7 × .... 72 = 8 × .... 48 = ... × 8 27 = 3 × ....

112 Problèmes multiplicatifs

Calcul mental : Effectuer des multiplications en ligne avec 1 dizaine en retenue. *Ex. : 14 × 3 ; 25 × 3 ...*

Lis attentivement chaque problème. **Écris** l'opération et **indique** la réponse.

1 Le bassin de la piscine mesure 25 m de long.
Mehdi effectue 4 longueurs de cette piscine.

Quelle distance Mehdi parcourt-il en tout ?

Opération : ....

Réponse : ....

2 Charlotte laisse sa voiture dans un parking. Une heure de parking coûte 3 €.

- **Combien** paiera Charlotte en reprenant sa voiture au bout de 4 heures ?

Opération : ....

Réponse : ....

- **Combien** paiera-t-elle en reprenant sa voiture au bout de 6 heures ?

Opération : ....

Réponse : ....

3 Bob travaille du lundi au vendredi.
Chaque jour, il effectue 44 km de trajet en voiture.

Combien de kilomètres parcourt-il en une semaine de travail ?

Opération : ....

Réponse : ....

4 La fleuriste a reçu ce matin 9 caisses de 10 roses.
Elle vend dans la journée 5 bouquets de 8 roses.

- **Combien** de roses a-t-elle reçu ce matin ? **Combien** de roses a-t-elle vendu ?
- **Combien** de roses lui reste-t-il ?

Opérations : ....

Réponse : ....

113 Réaliser des partages (2)

Calcul mental : Connaître les décompositions soustractives des nombres jusqu'à 9. *Ex. : 8 – 4 ; 9 – 5 …*

....	....	....	....	....

Je cherche

1 Sally veut ranger 37 photos dans son album. Elle range 8 photos par page.
Combien de pages peut-elle remplir ?

a. Complète.

- Elle peut remplir .... pages. 8 × .... = ☐
- Il reste .... photos. ☐ + ... = 37

b. Complète : 37 = (8 × ....) + ...

2 Luc a 39 bonbons et il veut faire des sachets de 6 bonbons.
Combien de sachets peut-il faire ?

a. Complète le tableau (tu peux utiliser la table de multiplication de la page 144).

Nombre de sachets	1	2	3	4	5	6	7
Nombre de bonbons	6	12	18	....	....	....	....

On peut faire .... sachets.

On ne peut pas faire .... sachets.

b. Complète : 39 = (.... × ....) + ...

Luc peut faire .... sachets. Il restera .... bonbons.

Je m'entraîne

3 Les 28 élèves de la classe de Mme Litou doivent se mettre par équipe de 5.
Combien y aura-t-il d'équipes complètes ?

Complète la table de multiplication de 5 pour t'aider.

×	1	2	3	4	5	6	7	8	9	10
5	....	....	....	....	....	....	....	....	....	....

Complète : 28 = (5 × ....) + ...

Il y aura .... équipes. Il restera .... élèves.

4 **Complète** les égalités en t'aidant de la table de multiplication de la page 144.

19 = (3 × 6) + ... 38 = (6 × ....) + 2 43 = (5 × 8) + ...

114 Le cube

Calcul mental : Connaître les décompositions soustractives des nombres de 10 à 13. *Ex. : 13 – 5 ; 13 – 8...*

....	....	....	....	....

Je cherche

1 **a. Observe** le patron sur la fiche cartonnée n° 1.
Complète :
Nombre de faces : . . . .

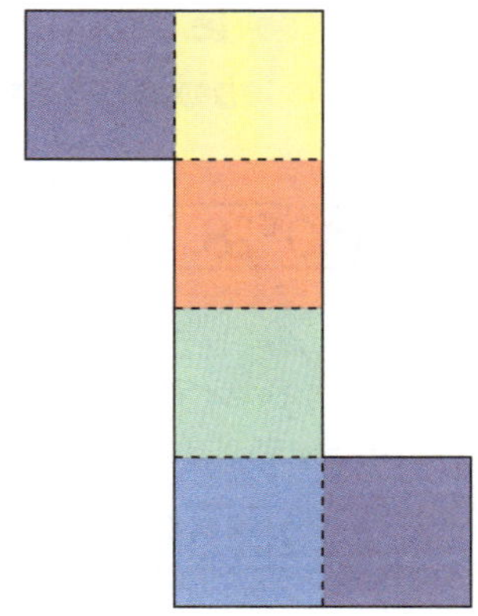

b. Découpe le patron et **plie**-le en suivant les pointillés noirs.
Avec du **ruban adhésif**, **colle** les arêtes.

Je m'entraîne

2 **Colorie** les faces de ce patron de la même couleur que les faces de ton cube.

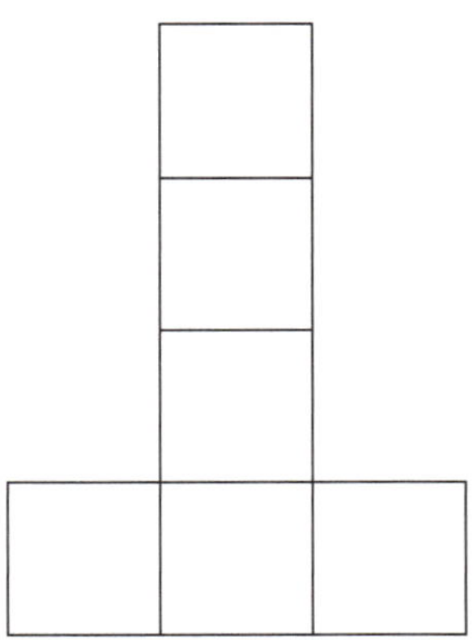

3 **Observe** le solide et **complète** le tableau :

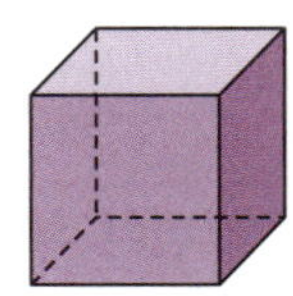

Nom du solide	....
Nombre de **faces**	....
Nombre d'**arêtes**	....
Nombre de **sommets**	....

4 **Combien** faut-il de cubes pour réaliser ces assemblages ?
Complète :

Nombre de cubes : . . .

Ce solide est un . . . .

Nombre de cubes : . . .

Ce solide est un . . . .

115 La monnaie (3)

Calcul mental : Connaître les décompositions soustractives des nombres de 10 à 18.

Je cherche

1 **Écris** le prix de l'objet en **euros (€)** et en **centimes d'euros (c)**.
Dessine les pièces et les billets que tu peux utiliser pour payer, comme dans l'exemple.

10 € 28 c 	10 euros 28 centimes	
 5 € 35 c	.... euros .... centimes	
20 € 58 c 	.... euros .... centimes	
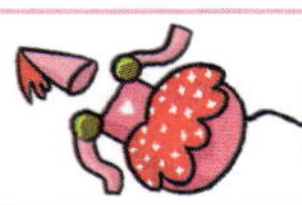 55 € 67 c	.... euros .... centimes	
110 € 38 c 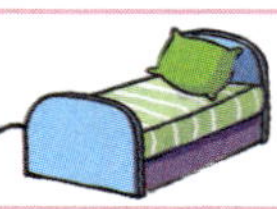	.... euros .... centimes	

Je m'entraîne

2 Éva veut échanger sa pièce de 2 € contre des centimes.
Dessine de deux manières différentes l'échange qu'elle peut faire.

3 **Entoure** des groupes de 1 € et **écris** la somme totale, comme dans l'exemple.

3 € 10 c

.... € c

.... € c

4 **Dessine** les pièces qui manquent pour acheter le gâteau.

Bilan-Révisions

1 **Effectue** les multiplications et **vérifie** le résultat avec ta calculatrice.

$$\begin{array}{r} 63 \\ \times \quad 3 \\ \hline \end{array}$$
= ....

$$\begin{array}{r} 68 \\ \times \quad 4 \\ \hline \end{array}$$
= ....

2 **Entoure** le patron d'un cube.

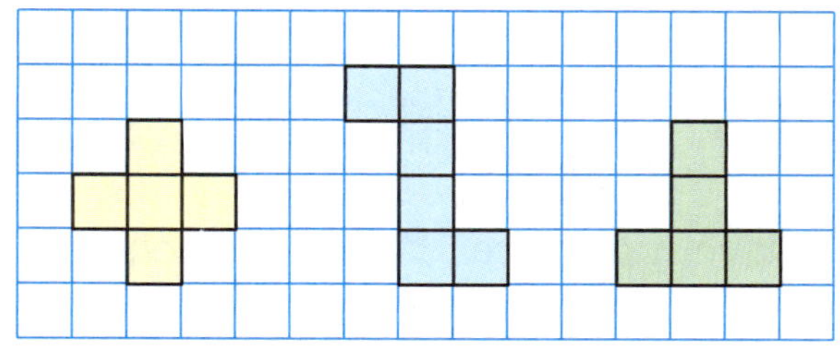

3 On veut partager 18 billes entre plusieurs enfants.
Complète le tableau :

On partage entre	Chaque enfant a
2 enfants	.... billes
3 enfants	.... billes
6 enfants	.... billes

4 **Dessine** les pièces qui manquent pour avoir 1 €.

20c 5c

5 Paola a 15 œufs. Elle les met dans des boîtes de 6.
Combien de boîtes peut-elle remplir ?

Complète : Elle peut remplir .... boîtes.

Il reste .... œufs.

Complète : 15 = (6 × ....) + ...

6 **Observe** ce solide et **complète**.

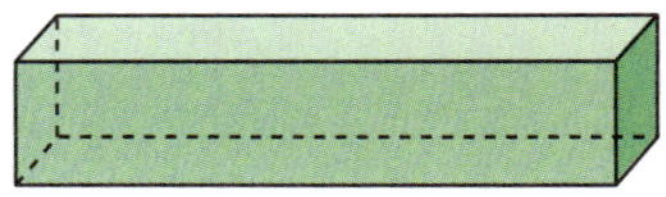

Ce solide s'appelle

....

Il a .... faces et .... sommets.

	oui	pas encore
1 Je sais effectuer des multiplications en colonnes avec retenue.		
2 Je sais reconnaître le patron d'un cube.		
3 Je sais réaliser des partages exacts.		
4 Je connais les pièces de centimes d'euros.		
5 Je sais réaliser des partages avec reste.		
6 Je sais reconnaître un pavé droit.		

117 La soustraction en colonnes (2)

Connaissance des nombres : Écrire des nombres à trois chiffres en lettres.

Je cherche

1 **a.** Voici l'argent que Mehdi a dans sa tirelire :

Complète : Mehdi a . . . €.

b. Il veut prendre 19 € pour s'acheter un jeu, mais il n'a pas assez de pièces.

- **Complète** : Il échange un billet de 10 € contre . . . pièces de 1 €.
- **Dessine** l'argent qui se trouve dans la tirelire après l'échange :
- **Entoure** les billets et les pièces que Mehdi peut prendre pour acheter son jeu.

c. Quand Mehdi aura acheté son jeu, combien d'argent lui restera-t-il ?
On peut trouver ce qu'il va lui rester en effectuant une **soustraction**.

- **Observe** :

	d	u
	3	10
	~~4~~	3
–	1	9
=	.	.

On soustrait d'abord les **unités** :
3 – 9 → c'est impossible.

Je prends **1 dizaine** à **4 dizaines** et je la change en **10 unités**.

- **Complète** :

13 u – 9 u = ... u

3 d – 1 d = ... d

d. **Complète** la soustraction en colonnes puis en ligne. 43 – 19 = ...

Je m'entraîne

2 **Effectue** les soustractions.

				8	10									
	7	8		~~9~~	1		7	2		6	8		8	0
–	1	6	–	1	8	–	4	8	–	1	6	–	1	8
=	.	.	=	.	.	=	.	.	=	.	.	=	.	.

3 Parmi les soustractions suivantes, **effectue** celles que tu peux faire de tête.
Pose les autres soustractions sur ton cahier pour les calculer.

89 – 10 = ... 83 – 27 = ... 72 – 20 = ... 95 – 5 = ...

61 – 48 = ... 50 – 25 = ... 72 – 17 = ... 63 – 12 = ...

118 Reconnaître des figures symétriques

Connaissance des nombres : Compter de 10 en 10 à partir d'un nombre se terminant par 1, par 2, par 5.

Je cherche

1

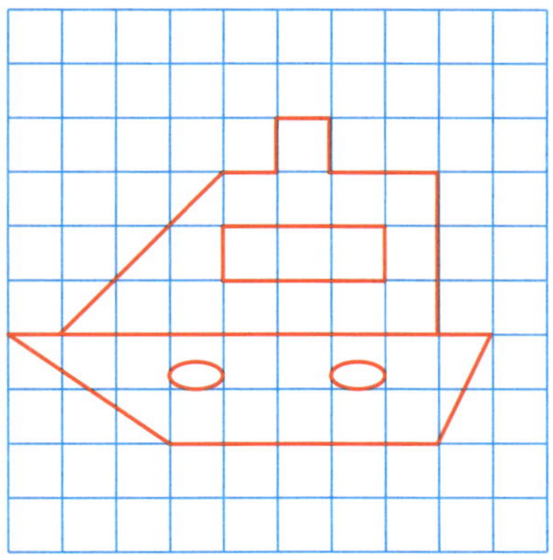

Le bateau se reflète dans l'eau.
Quelle est son image ?
Entoure la lettre de la bonne réponse.

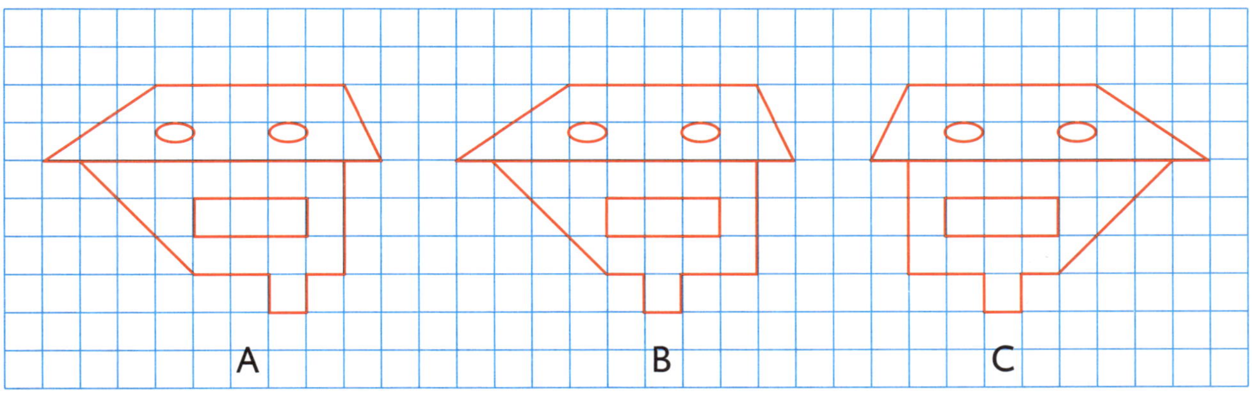

Je m'entraîne

2 On plie le dessin suivant l'axe **rouge**.

Colorie d'une même couleur les figures qui peuvent se superposer, comme dans l'exemple.

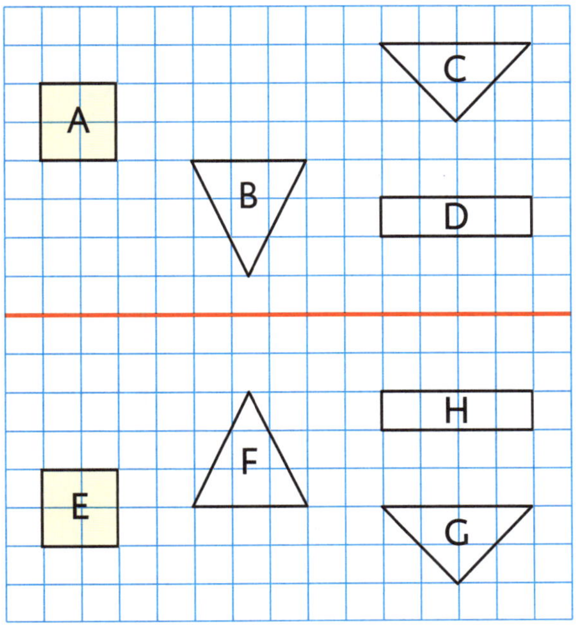

3 **Continue** le coloriage du clown.

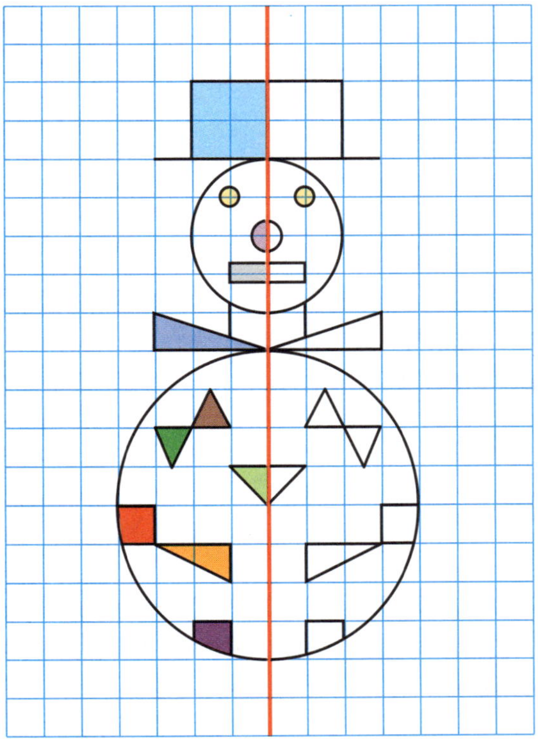

119 Utiliser les 3 opérations

Calcul mental : Trouver des quotients.
Ex. : On partage 15 bonbons entre 3 enfants ; combien de bonbons aura chacun ?

Je m'entraine

1 **Relie** chaque opération à son résultat.

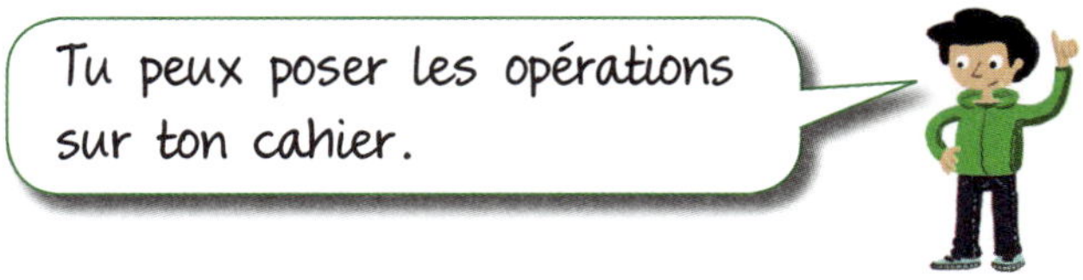

29 + 26   72 – 37   99 – 64   15 × 3

35   45   55

2 **Trouve** le signe qui convient et **complète**. + × –

68 .... 26 = 42 | 18 .... 24 = 42 | 6 .... 7 = 42 | 71 .... 29 = 42

3 **Lis** attentivement chaque problème. **Écris** l'opération et **indique** la réponse.

a. Un jardinier a planté 6 rangées de 40 pieds de tomate.
Combien de pieds de tomate a-t-il plantés en tout ?

Opération : ....

Réponse : ....

b. Une fleuriste a composé un bouquet avec 40 roses jaunes et 6 roses blanches.
Combien de fleurs a-t-elle utilisées ?

Opération : ....

Réponse : ....

c. 40 coureurs ont pris le départ d'une course cycliste. 6 coureurs abandonnent au cours de l'épreuve.
Combien de coureurs ont terminé la course ?

Opération : ....

Réponse : ....

d. Pour visiter la grotte de Cadirac, il faut d'abord faire une partie du trajet en barque. Chaque barque peut accueillir 10 personnes. 46 personnes attendent sur le quai.
Combien faut-il de barques ?

Opération : ....

Réponse : ....

120 Problèmes de masse

Calcul mental : Trouver un quotient et un reste. *Ex. : On partage 17 bonbons entre 3 enfants. Combien de bonbons aura chaque enfant ? Combien restera-t-il de bonbons ?*

Je m'entraîne

1 **Observe** le dessin et **réponds** aux questions.

Jacques 90 kg — Fanny 70 kg — Clara 50 kg — Lucien 100 kg

a. Les 4 personnes peuvent-elles monter ensemble dans la télécabine ?

☐ oui ☐ non

- **Pourquoi** ? ....

....

b. Fanny et Clara veulent monter ensemble. Lucien peut-il monter avec elles ?

☐ oui ☐ non

- **Pourquoi** ? ....

....

c. Lucien monte avec Jacques. **Qui** peut les accompagner ? ....

- **Pourquoi** ? ....

....

2 **Observe** les balances.

Combien pèse le sac de pommes de terre ?

Complète, sans oublier l'unité : ....

3 **a.** Diego s'est amusé à peser ses jouets avec des cubes. **Observe** :

b. **Dessine** les cubes nécessaires pour équilibrer les plateaux.

121 Diviser par 2

Connaissance des nombres : Décomposer les nombres de 100 à 999 sous la forme suivante : *862 = (8 × 100) + (6 × 10) + 2.*

Je cherche

1 **a.** Luc et Diego se partagent 18 bonbons en 2 parts égales.
Combien de bonbons chacun reçoit-il ?

• **Complète** : 18 = 2 × . . . . Chacun reçoit . . . . bonbons.

On dit que Luc et Diego ont **divisé** leurs 18 bonbons en 2 parts.

On écrit 18 divisé par 2 ou 18 : 2 = **9**.

• **Complète** : **9** est la moitié de . . . .

b. Voici la table de 2. **Complète** comme dans l'exemple :

2 × 1 = 2	→	2 : 1 = 1	2 × 6 = 12	→	12 : 2 = ...
2 × 2 = 4	→	4 : 2 = 2	2 × 7 = 14	→	14 : 2 = ...
2 × 3 = 6	→	6 : 2 = ...	2 × 8 = 16	→	16 : 2 = ...
2 × 4 = 8	→	8 : 2 = ...	2 × 9 = 18	→	18 : 2 = ...
2 × 5 = 10	→	10 : 2 = ...	2 × 10 = 20	→	20 : 2 = ...

*Tous les résultats de la table de 2 sont **divisibles** par 2.*
*Les nombres **divisibles** par 2 sont des nombres **pairs**.*

2 **Entoure** les nombres qui **ne** sont **pas** dans la table de 2.

7 12 14 15 17 1 20 5 6 9 18 11 8 3 19 13 5

*Les nombres que tu as entourés ne sont **pas divisibles par** 2.*
*Ce sont des nombres **impairs**.*

3 **a.** **Observe** comment calculer 28 : 2.

28 = 20 + 8

28 : 2 = (20 : 2) + (8 : 2)
  10 + 4 = 14

b. **Calcule** de la même façon 24 : 2 et 46 : 2 sur ton cahier.

122 Tracer le symétrique d'une figure

Calcul mental : Partager les nombres jusqu'à 20 en 2. *Combien de sacs de 2 bonbons puis-je avoir avec 12, 18, ... bonbons ?*

Je m'entraîne

1 **Colorie** chaque dessin comme si tu pliais la feuille le long de l'axe **rouge** pour superposer les carreaux.

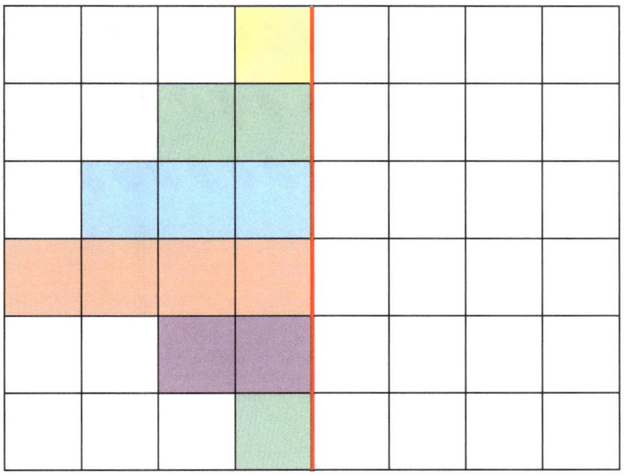

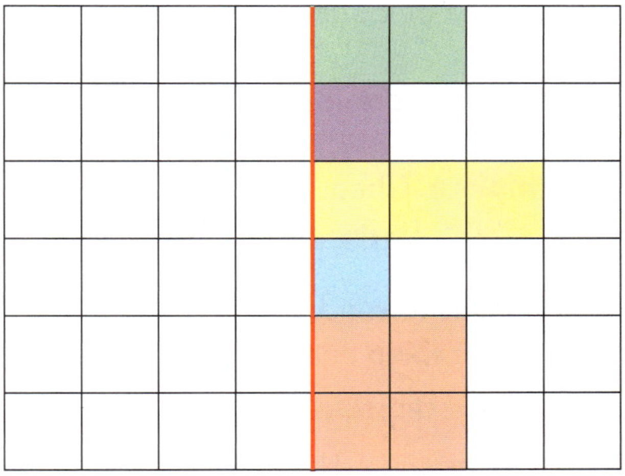

2 **Termine** le tracé de cette figure en respectant la symétrie.

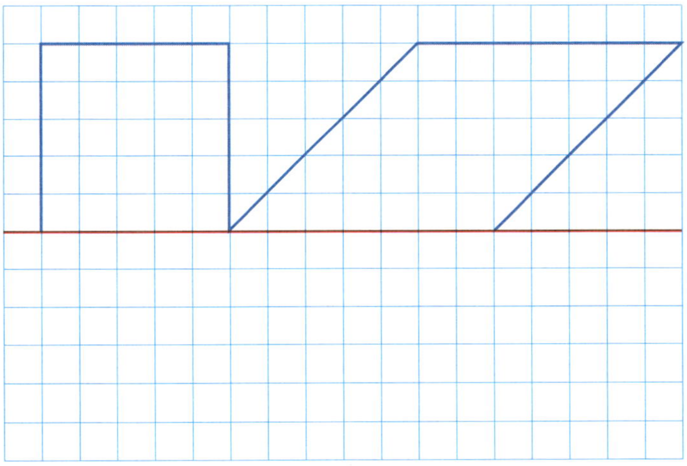

3 **Termine** le tracé de cette figure et **colorie**-la en respectant la symétrie.

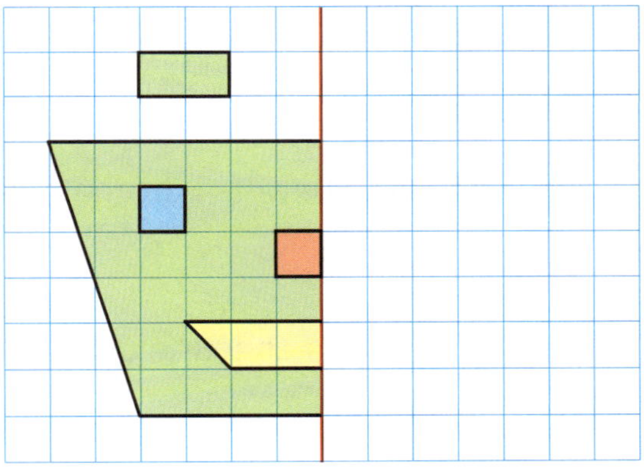

4 **Trace** le symétrique de chaque figure par rapport à l'axe de symétrie.

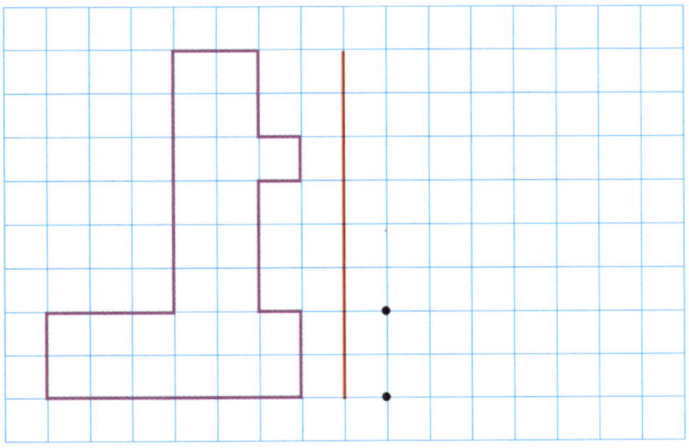

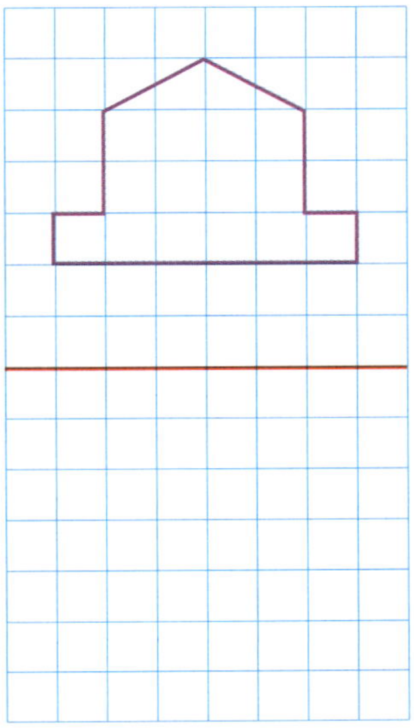

123 Problèmes de partage

Calcul mental : Écrire la moitié de multiples de 10 jusqu'à 90.

1 Pour l'anniversaire de Nora, il y a 5 enfants.
La maman de Nora partage un paquet de 30 bonbons.
Combien de bonbons peut-elle donner à chaque enfant ?

Entoure les groupes de bonbons sur le dessin.

Complète : Chaque enfant aura .... bonbons.

---

2 Sally et ses 3 amis se partagent 27 billes.
Combien chaque enfant aura-t-il de billes ? **Combien** restera-t-il de billes ?

Complète l'opération : (4 × ....) + ... = ...

Complète la réponse : Chaque enfant aura .... billes. Il restera .... billes.

---

3 Paola, Sarah, Zoé et Éva se partagent 43 châtaignes.

- **Combien** de châtaignes auront-elles chacune ?

Opération : ....

Réponse : ....

- **Combien** restera-t-il de châtaignes ?

Complète : ....

- Pour donner à chacune une châtaigne de plus, **combien** manque-t-il de châtaignes ?

Complète la réponse : Il manque ....

---

4 **a.** Jimmy a 54 cartes. Il fait des paquets de 10 cartes.

- **Combien** de paquets peut-il faire ?

Complète : ....

- **Combien** lui restera-t-il de cartes ?

Complète : ....

b. Peut-il partager ses 54 cartes en 2 paquets égaux ?

Coche la bonne réponse : ☐ oui ☐ non

- Si oui, **combien** y aura-t-il de cartes dans chaque paquet ?

Complète : ....

Bilan-Révisions

1 **Effectue** les soustractions.

$$\begin{array}{r} 62 \\ -\ 38 \\ \hline =\ .\ . \end{array} \qquad \begin{array}{r} 92 \\ -\ 29 \\ \hline =\ .\ . \end{array} \qquad \begin{array}{r} 70 \\ -\ 39 \\ \hline =\ .\ . \end{array} \qquad \begin{array}{r} 93 \\ -\ 45 \\ \hline =\ .\ . \end{array}$$

2 **Entoure** les nombres qui sont divisibles par 2.

8 10 20 16 24 15 19 12 27 18

3 **Colorie** d'une même couleur les figures qui peuvent se superposer.

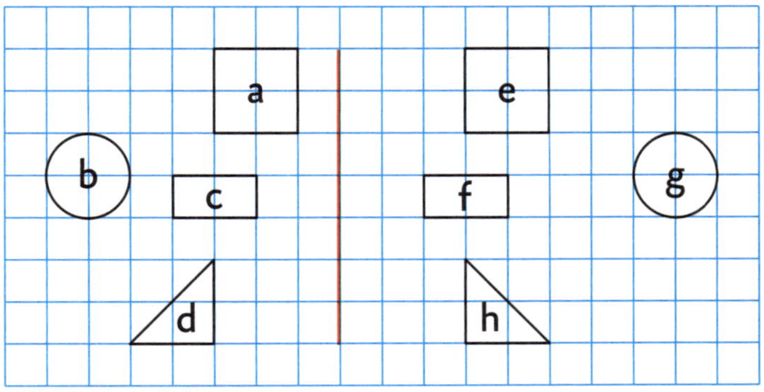

4 Paul pèse 92 kg.
Jean pèse 27 kg de moins que Paul.
Paul pèse 13 kg de plus que Sam.
Olivier pèse 6 kg de plus que Jean.
Quel est le poids de chacun ?

Complète le tableau :

	Opération	Poids
Jean	....	.... kg
Sam	....	.... kg
Olivier	....	.... kg

Vérifie avec ta calculatrice.

5 **Trace** le symétrique de la figure par rapport à l'axe de symétrie.

a.

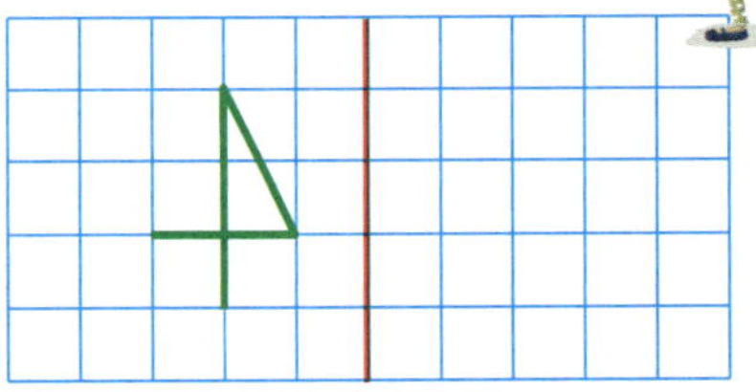

b.

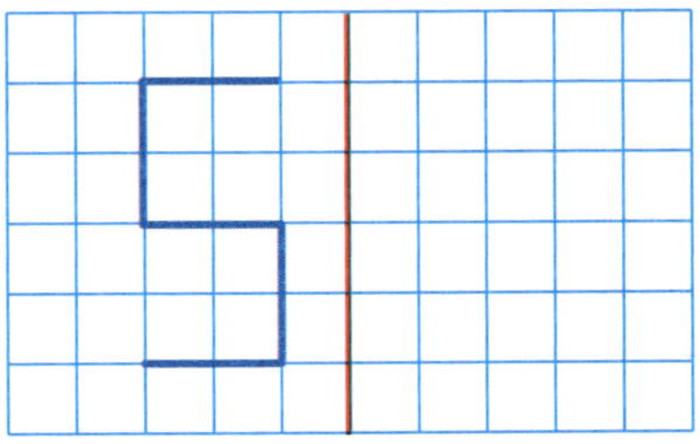

	oui	pas encore
1 Je sais effectuer des soustractions avec retenue.		
2 Je sais diviser par 2.		
3 Je sais reconnaître des figures symétriques.		
4 Je sais résoudre des problèmes de masse.		
5 Je sais tracer le symétrique d'une figure.		

125 Faire des calculs approchés (1)

Calcul mental : Écrire la moitié de multiples de 100, de 100 à 900.

Je cherche

1 Paola a lu 75 pages de son livre, puis encore 18 pages.

- Pour trouver combien de pages environ elle a lu, on peut faire un **calcul proche** de 75 + 18.

18 c'est presque 20.

Complète : 75 + 20 = ...

Paola a lu environ .... pages.

2 Nestor fait 37 km par jour en voiture pour se rendre à son travail.
Combien de kilomètres fait-il environ en 5 jours ?

- 37 est proche de 40.

Complète : 40 × 5 = ...

Nestor a parcouru environ .... km en 5 jours.

Je m'entraîne

3 • **Effectue** un calcul proche du résultat des additions encadrées.

87 + 98	135 + 19	152 + 39	345 + 97
.... + ... = ...	.... + ... = ...	.... + ... = ...	.... + ... = ...

- **Effectue** les calculs exacts avec ta calculatrice.

4 **Effectue** un calcul proche du résultat des soustractions encadrées.

335 – 98	372 – 19	495 – 11	253 – 102
.... – .... = ...	.... – .... = ...	.... – .... = ...	.... – .... = ...

- **Effectue** les calculs exacts avec ta calculatrice.

5 • **Effectue** un calcul proche du résultat des multiplications suivantes.
• **Effectue** les calculs exacts avec ta calculatrice.

72 × 5 ....

21 × 6 ....

195 × 3 ....

6 Des skieurs font une randonnée. Ils parcourent 23 km par jour pendant 6 jours. **Effectue** un calcul approché pour trouver quelle distance ils parcourent.

....

....

126 Tracer des figures planes

Calcul mental : Calculer la moitié d'un nombre de trois chiffres à partir de moitiés connues.

Je cherche

1 Ce rectangle est formé de plusieurs figures. On les sépare.
Observe ces figures puis **trace**-les sur le quadrillage de droite.
Attention, elles ne sont pas placées de la même manière.

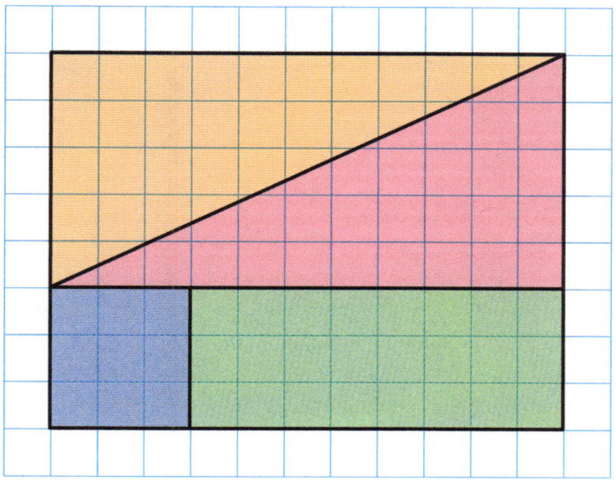

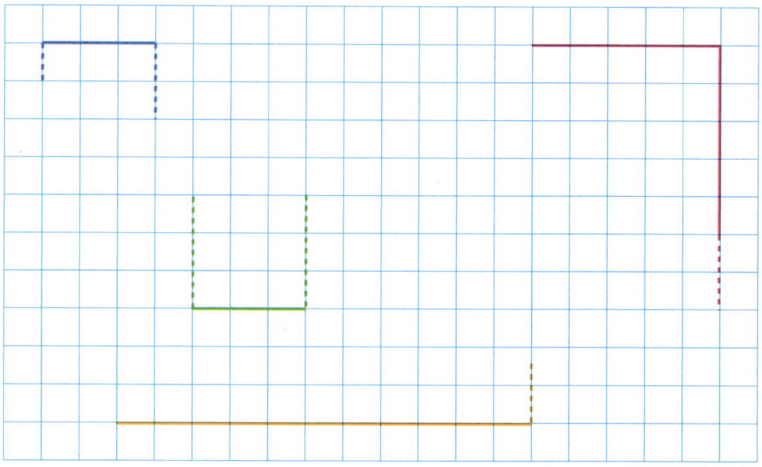

Je m'entraîne

2 À l'aide de l'**équerre** et du **double décimètre**, **termine** la reproduction de la figure.

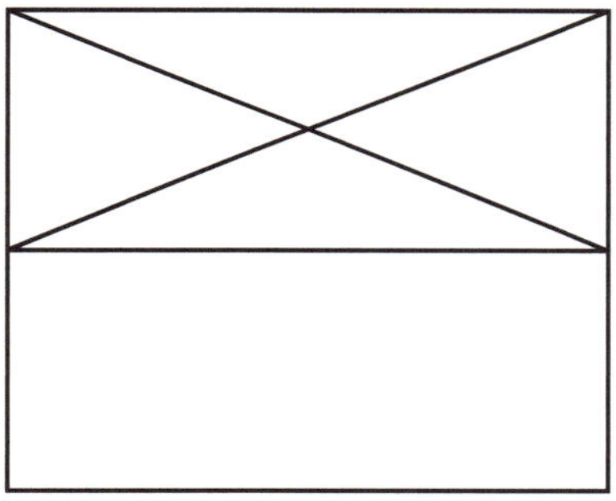

3 **a. Trace** AC et DB.
Trace AB, BC, CD et DA.

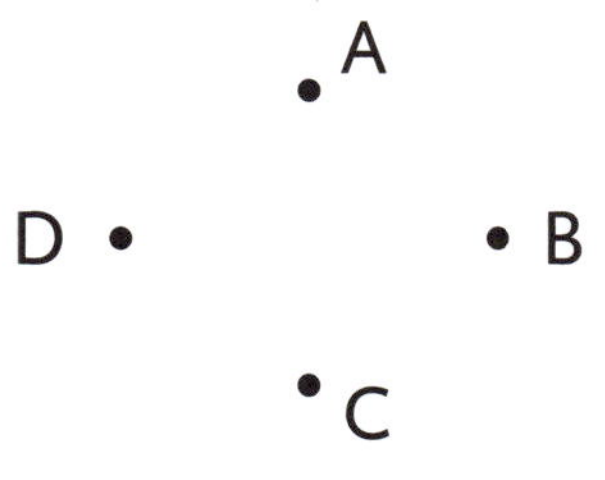

b. Trace MN et OP.
Trace MP, PN, NO et OM.

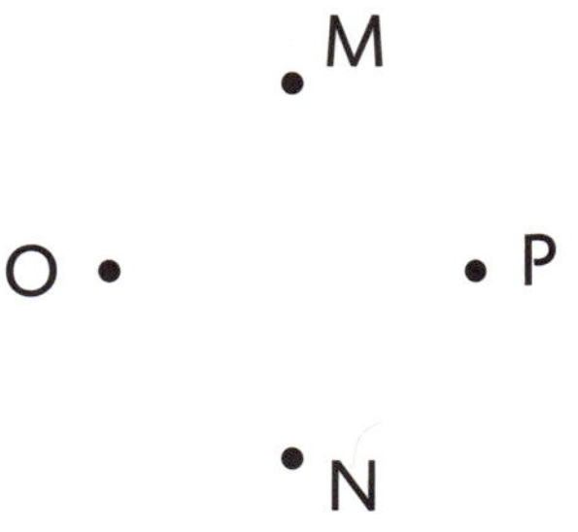

c. Quelle figure est un carré ? **Écris** son nom : ....
Vérifie avec le **double décimètre** et l'**équerre**.

4 **Trace** un rectangle de 3 cm de largeur et de 5 cm de longueur, sur une feuille blanche.

5 **Trace** un triangle rectangle dont un côté mesure 4 cm, sur une feuille blanche.

127 Les différentes écritures des nombres

Calcul mental : Partager des nombres en 5. *Ex. : Combien de sacs de 5 bonbons puis-je constituer avec 10, 15, 25, … bonbons ?*

Je m'entraîne

1 **Complète** le tableau avec les différentes écritures des nombres, comme dans l'exemple.

346	trois cent quarante-six	$(3 \times 100) + (4 \times 10) + 6$
458		
572		
738		
		$(6 \times 100) + (2 \times 10) + 1$

2 **Colorie** de la même couleur les écritures d'un même nombre.

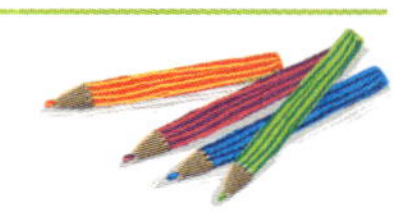

$(6 \times 100) + (2 \times 30) + (6 \times 1)$ — $(2 \times 300) + 70 + 7$ — 666

667 — $(6 \times 100) + (7 \times 10) + 7$ — $(6 \times 100) + (7 \times 10) - 3$

$877 - 100$ — $(200 \times 3) + 70 - 4$ — $700 + 67$

3 **Écris** 2 nombres en lettres en utilisant les 4 mots suivants à chaque fois :

dix — huit — soixante — cent

……………………………………………………………………

……………………………………………………………………

4 **a.** Avec les chiffres 2, 9 et 5, tu peux former 6 nombres à 3 chiffres.
Trouve ces nombres, comme dans l'exemple :

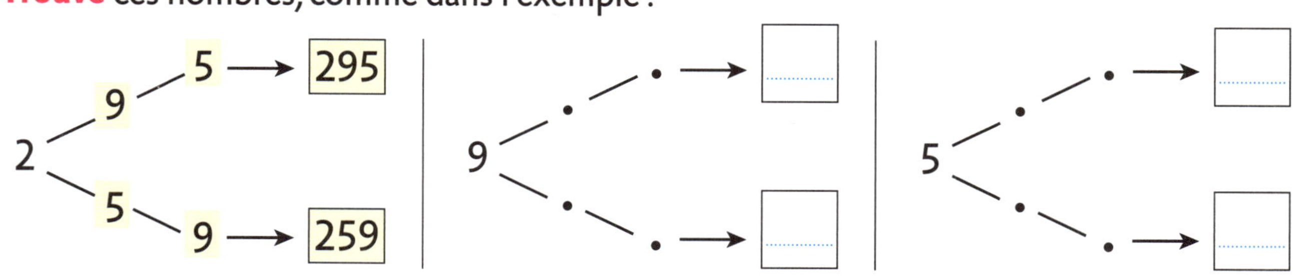

b. **Trouve** les 6 nombres à 3 chiffres que tu peux former avec 4, 8 et 1.

……………………………………………………………………

……………………………………………………………………

128 Problèmes sur la monnaie

Calcul mental : Calculer des valeurs approchées. *Ex. : Trouver le résultat d'un calcul proche de 69 + 48, 31 × 2, 69 × 2, ...*

....	....	....	....	....

Je m'entraîne

1 À la fin de la journée, M. Delpau ferme la patinoire et compte l'argent qu'il a dans la caisse.

a. Complète le nombre de billets et de pièces, comme dans l'exemple :

Nombre	2	....	....	3	....	....	....
Montant	200	....	....	30	....	....	....

b. Combien d'argent a-t-il dans sa caisse ? M. Delpau a .... euros.

2 Voici l'argent que Samuel a :

Complète : Samuel a .... euros.

Entoure l'objet qu'il peut acheter :

3

J'ai 3 billets de 50 €, 2 billets de 20 € et 1 billet de 10 €.

J'ai 1 billet de 100 €, 1 billet de 50 €, 4 billets de 5 € et 5 pièces de 2 €.

a. Quelle somme d'argent a chaque enfant ?

Calcule et **complète** :  Luc a .... €.  Zoé a .... €.

b.

Si j'avais 10 € de plus, j'aurais la même somme que toi !

Zoé a-t-elle raison ? **Complète** :

Opération : .... **Réponse :** ....

129 Faire des calculs approchés (2)

Connaissance des nombres : Comparer un nombre en chiffres *(654)* et un nombre sous la forme d'une décomposition additive *(500 + 30 + 9)*.

Je cherche

1 Pour effectuer un calcul approché de 58 + 35, Hugo et Sally ont procédé de 2 façons différentes :

Complète le tableau et **indique** qui est le plus proche du résultat.

	Calcul approché	Calcul exact	Différence avec le calcul exact
 Hugo	58 + 40 = 58 + 35 + 5 = ... (40)	58 + 35 = ...	....
 Sally	60 + 35 = 58 + 2 + 35 (60)	58 + 35 = ...	....

C'est . . . . qui aura le résultat le plus proche.

Je m'entraîne

2 a. **Entoure** le calcul qui va donner le résultat le plus proche des additions encadrées.

52 + 35	38 + 45	152 + 49
52 + 40	40 + 50	152 + 50
60 + 35	40 + 45	150 + 49
50 + 35	38 + 50	

b. **Vérifie** tes réponses en effectuant les calculs approchés, puis les calculs exacts avec ta calculatrice.

3 **Entoure** le nombre le plus proche du résultat du calcul encadré.

59 + 12	67 + 12	180 – 58
70 80 90	80 90	130 120

4 Sarah a joué 3 parties sur sa console de jeux. Voici ses points :

	Points
1re partie	128
2e partie	204
3e partie	198

a. **Effectue** un calcul le plus proche possible de son résultat.

. . . . + ... + ... = ...

b. Son record est de 800 points.
Combien de points lui manque-t-il environ pour atteindre son record ? . . . .

130 Mesurer des durées

Connaissance des nombres : Comparer un nombre écrit en chiffres et un nombre écrit sous la forme d'une décomposition multiplicative.

Je cherche

1 a. **Lis** le programme de télévision :

Programme TV	
13h00	Journal
13h30	Dessin animé
14h00	Reportage
15h20	Série : « La vie en rose »
16h00	Documentaire
17h00	Film : « Les frères Scott »
19h00	Météo

b. **Complète** :

À quelle heure commence le dessin animé ?

....

À quelle heure commence le reportage ?

....

Quelle est la durée du dessin animé ?

....

c. **Mets une croix** devant la bonne réponse :

Sally part à 16 h 00 et revient 1 h 30 plus tard. Elle pourra voir le début du film.

☐ oui ☐ non

Je m'entraine

2 Pour son entraînement de basket-ball, Thomas arrive au club à 16 h 15. Il repart à 17 h 45.

Combien de temps dure l'entraînement ? **Complète** :

Opération : ....

Réponse : ....

3 **Relie** chaque activité à sa durée.

Course du 100 m • Leçon de mathématiques • Vacances de printemps • Cuisson d'une crêpe

1 heure • 15 jours • 10 secondes • 3 minutes

4 L'école commence à 8 h 30. Diego met 30 minutes pour se rendre à l'école.
À quelle heure est-il parti de chez lui ? **Complète** :

Opération : ....

Réponse : ....

131 Constructions géométriques

Connaissance des nombres : Comparer des nombres écrits en lettres, en chiffres, sous forme de décompositions additives…

Je m'entraîne

1 **a. Observe** la figure suivante (c'est le drapeau du Bénin, un pays d'Afrique).

b. Complète :
Le drapeau est constitué de 3 . . . .

c. Reproduis la figure à l'aide du **double décimètre** et de l'**équerre**.

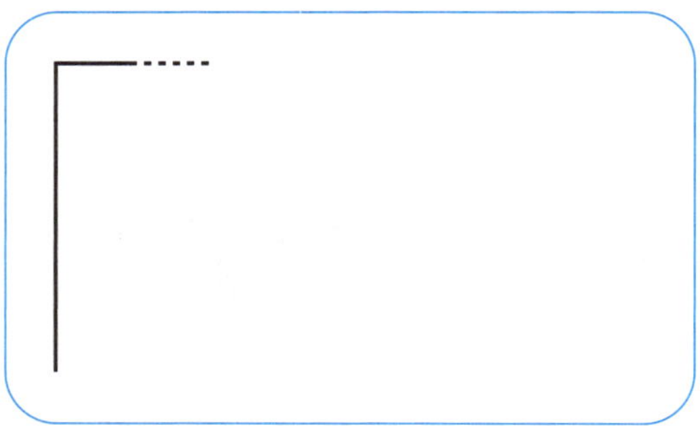

Pour t'aider :
Marque les angles droits et **mesure** chaque côté des 3 figures qui composent le drapeau.

2 **a.** M est le milieu de AB.
Marque les autres milieux du rectangle :
- N est le milieu de BC,
- O est le milieu de DC,
- P est le milieu de AD.

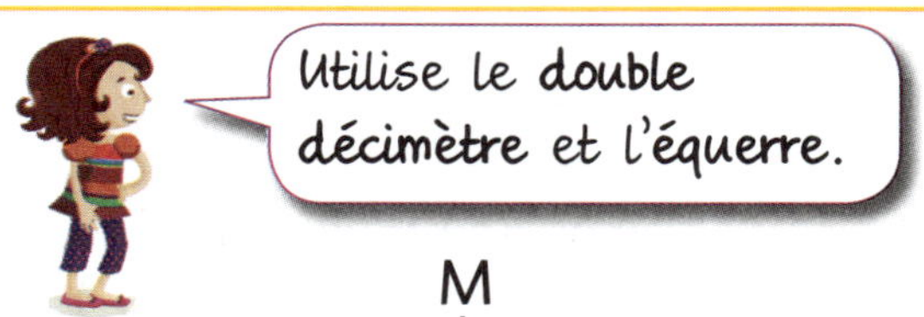

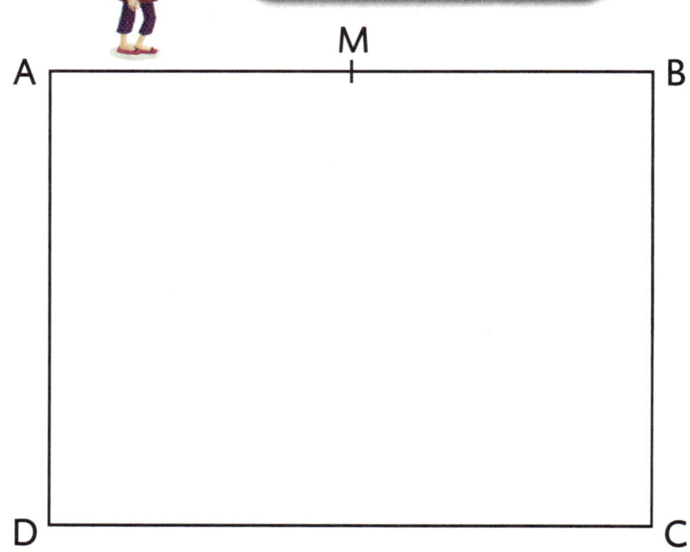

b. Trace les segments MN, NP, PO et MO.

c. Colorie les triangles.

- **Comment** s'appellent ces triangles ?
Utilise ton équerre et **complète** :

Ce sont des . . . .

3 **a. Complète** le patron de ce cube : tu ne peux utiliser que ta **règle**.

b. Avec du **papier-calque**, **reproduis** le patron obtenu sur une feuille quadrillée et **construis** le solide.

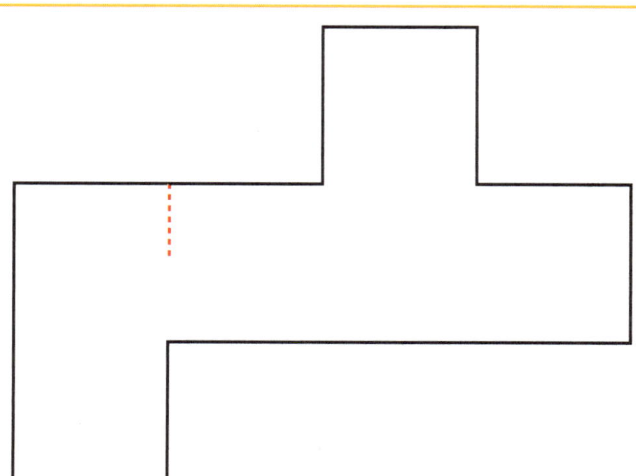

132 Bilan-Révisions

1 **Effectue** un calcul proche du résultat des opérations suivantes :

135 + 32	128 – 22	21 × 4
.... + ... = ...	.... – .... = ...	.... × .... = ...

2 **Entoure** le nombre le plus proche du résultat du calcul suivant : 248 + 39

280 300 290

3 Voici l'argent que Pierre a dans son portefeuille :

Il veut acheter une ceinture à 20 €, une cravate à 30 €, une chemise à 78 € et un pantalon à 112 €.

- **Combien** doit-il payer ?

Complète : .... €

- A-t-il assez d'argent ? ☐ oui ☐ non

Complète : Il lui manque .... €.

4 Zoé part de chez elle à 9 h 30 pour son cours de danse. Elle revient à 12 h.

Combien de temps est-elle partie ? **Complète** : ....

5 Voici un rectangle ABCD.

- **Trace** AD.
- **Reproduis** la figure sur du papier-calque et **découpe** le rectangle.
- AD est un axe de symétrie du rectangle :

☐ oui ☐ non

- **Comment** s'appellent les figures ACD et ABD ?

Complète : ....

	oui	pas encore
1 Je sais trouver un résultat approché.		
2 Je sais trouver le résultat le plus approché.		
3 Je sais résoudre des problèmes sur la monnaie.		
4 Je sais calculer des durées.		
5 Je sais faire des constructions géométriques.		

133 En route pour le CE2

Calcul mental : Calculer des doubles de nombres compris entre 0 et 50, en multipliant par 2.

Exercices en autonomie

1 **Écris en chiffres** tous les nombres que l'on peut former avec les mots :

trois — *vingt* — *cent*

3 20 . . . .

2 Pierre et Jean jouent à *Devine le nombre.*
Pierre propose un nombre et Jean dit si le nombre à trouver est plus grand ou plus petit.
Le nombre que Jean doit trouver se termine par un chiffre **pair**.

Pierre propose	Jean répond
100	plus grand
605	plus petit
550	plus grand
595	plus grand
602	plus grand

Écris le nombre : . . . . .

3 **Relie** les étiquettes dans l'ordre croissant.

neuf cent quinze — 120 — 2 c 4 d 3 u — 953 – 101 — 4×100 — trois cent cinquante deux — 738 — 500 + 30 + 4 — $(100 \times 6) + (25 \times 2)$

4 **Place** les nombres sur la droite numérique.

714 — 975 — 652 — 569 — 889 — 913 — 572 — 895 — 987 — 991

500 — 600 — 700 — 800 — 900

569

5 **Compte** de 5 en 5 et **complète**.

675 – . . . . – . . . . – . . . . – . . . . – . . . . – . . . . – . . . . – . . . .

6 **Trouve** la règle et **complète**.

+ 1 — + 2 — + 4 — + 8 — + ... — + ...

200 — 201 — 203 — . . . . — . . . . — . . . . — . . . .

134 En route pour le CE2

Calcul mental : Trouver la moitié de multiples de 10 de 0 à 100.

Exercices en autonomie

1 Samuel a marqué **103 points** avec 5 flèches.
Dessine les flèches sur la cible.

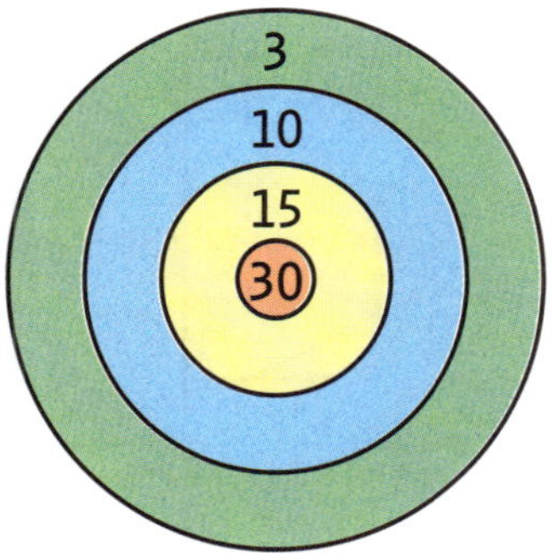

2 **Utilise** les nombres et les signes suivants pour obtenir 216.
Tu n'es pas obligé de tout utiliser !

45 2 12 55 8 × + −

. . . .

. . . .

3 **Calcule**.

251 + 146 = ...

324 + 56 = ...

468 + 41 = ...

89 − 65 = ...

76 − 34 = ...

68 − 23 = ...

606 + 42 + 241 = ...

512 + 50 + 237 = ...

4 **Trace** 2 droites pour former 3 groupes. Il doit y avoir le même nombre de pions dans chaque groupe.

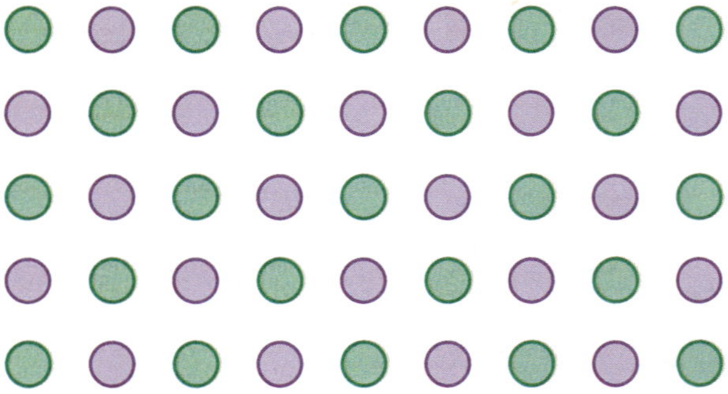

5 **Pose** et **effectue** les opérations.

234 + 457 + 305

75 − 38

23 × 4

6 Dans le gymnase, il y a 2 équipes de 4 élèves et 3 équipes de 5 élèves.
Combien y a-t-il d'élèves en tout dans le gymnase ?

. . . .

. . . .

135 En route pour le CE2

Calcul mental : Diviser par 2 des multiples de 2 ne figurant pas dans la table de 2.

Exercices en autonomie

1 **Relie** les 2 boules **rouges**, puis les 2 boules **bleues**. Attention, les deux chemins ne doivent pas se croiser !

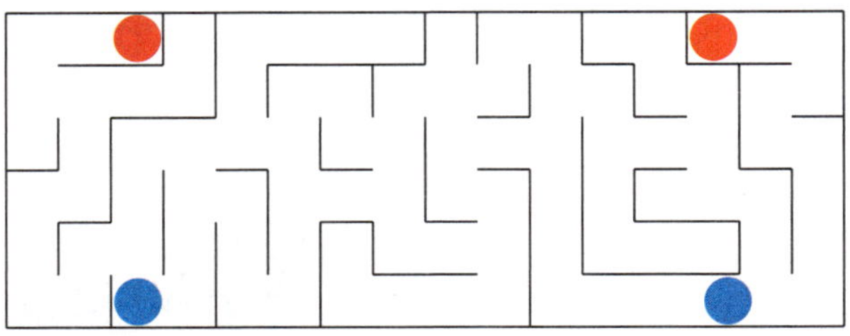

2 **Complète** le dessin par symétrie.

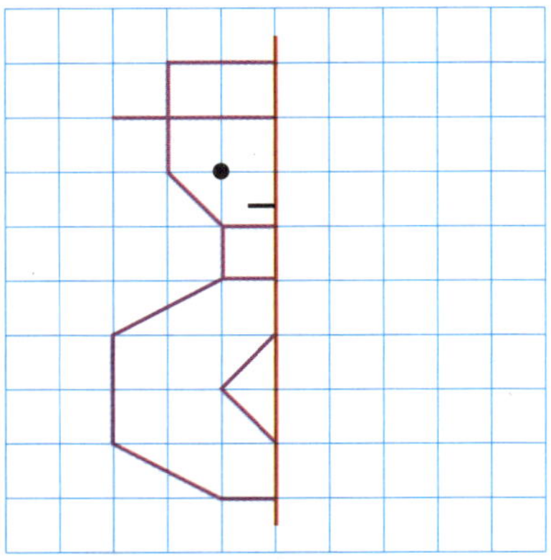

3 **Place** les pièces suivantes sur le damier en **coloriant** les cases de la bonne couleur.

4 **Observe** la figure.
De **combien** de triangles est-elle composée ?

. . . .

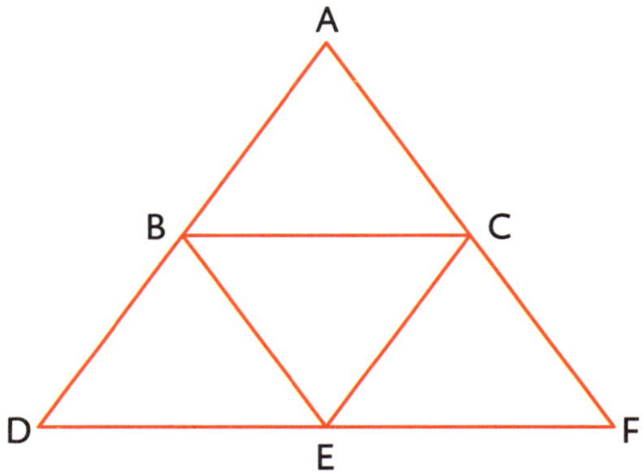

5 **Reproduis** la figure sur le quadrillage de droite.

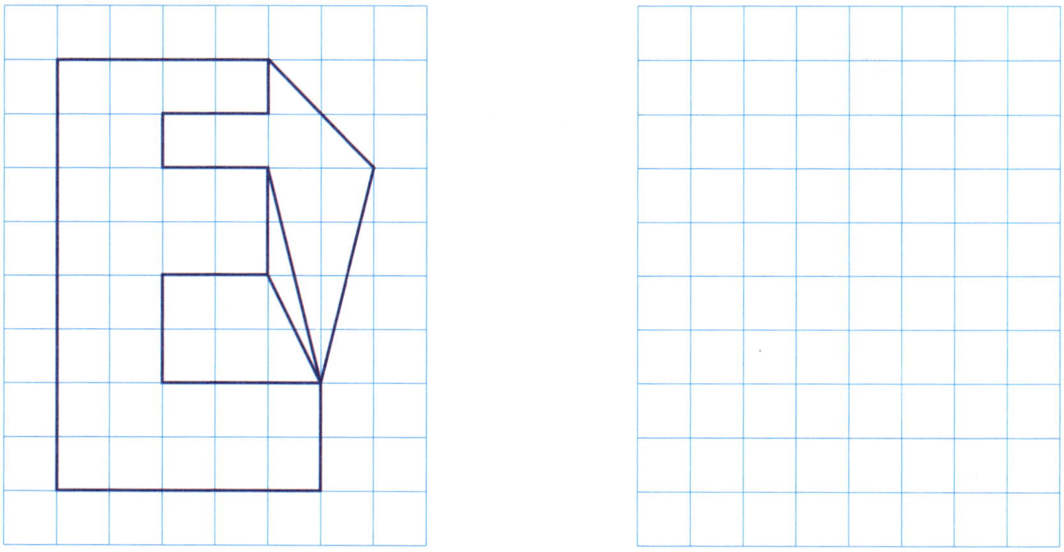

136 En route pour le CE2

Calcul mental : Trouver la moitié des multiples de 10 de 100 à 200 en les décomposant. *Ex. : la moitié de 120 = la moitié de 100 + la moitié de 20 = 60.*

1 **Classe** les personnes de la plus petite à la plus grande.

Lucie : 1 m 13 cm — Henri : 198 cm — Victor : 1 m 50
Arthur : 127 cm — Jeanne : 1 m 02 cm — Bob : 1 m 90 cm
Brandon : 96 cm — Tom : 1 m 20 — Jackson : 2 m 10 cm

.... ; .... ; .... ;
.... ; .... ; .... ;
.... ; .... ; ....

2 Le docteur Iguéri reçoit un patient tous les quarts d'heure.
Entre 18 h et 19 h, il a reçu Tom, puis Nanou puis Mehdi puis Léa.
Complète les cases avec le nom du patient, l'heure de la consultation et **dessine** les aiguilles de l'horloge.

Tom			
18 h 15			

3 Dans la classe de CE2 A, il y a 5 hamsters qui pèsent entre 140 et 260 grammes.
Colorie le nom du hamster venu d'une autre classe.

Loli	259 g
Miro	156 g
Jojo	215 g
Fanou	142 g
Mimi	138 g
Bambou	258 g

4 Les boules marquées d'une même lettre ont un poids identique.
Observe les balances et **trouve** le poids de chaque boule.
Tu découvriras alors un mot de quatre lettres.

M	....	....	....
10 g	20 g	30 g	40 g

La table de multiplication

×	1	2	3	4	5	6	7	8	9	10
1	1	2	3	4	5	6	7	8	9	10
2	2	4								
3	3									
4	4									
5	5									
6	6									
7	7									
8	8									
9	9									
10	10									

FSC
Sources Mixtes

N° Editeur : 10153531
Dépôt légal : Février 2009
Imprimé en: Espagne
Par: Dédalo Offset

Les gabarits

Les patrons de solides

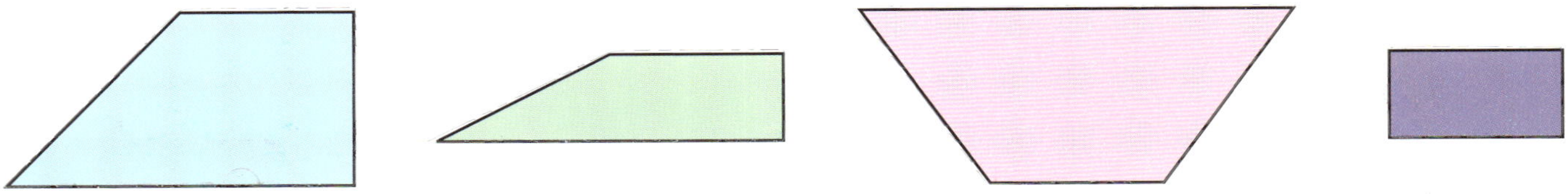

L'horloge

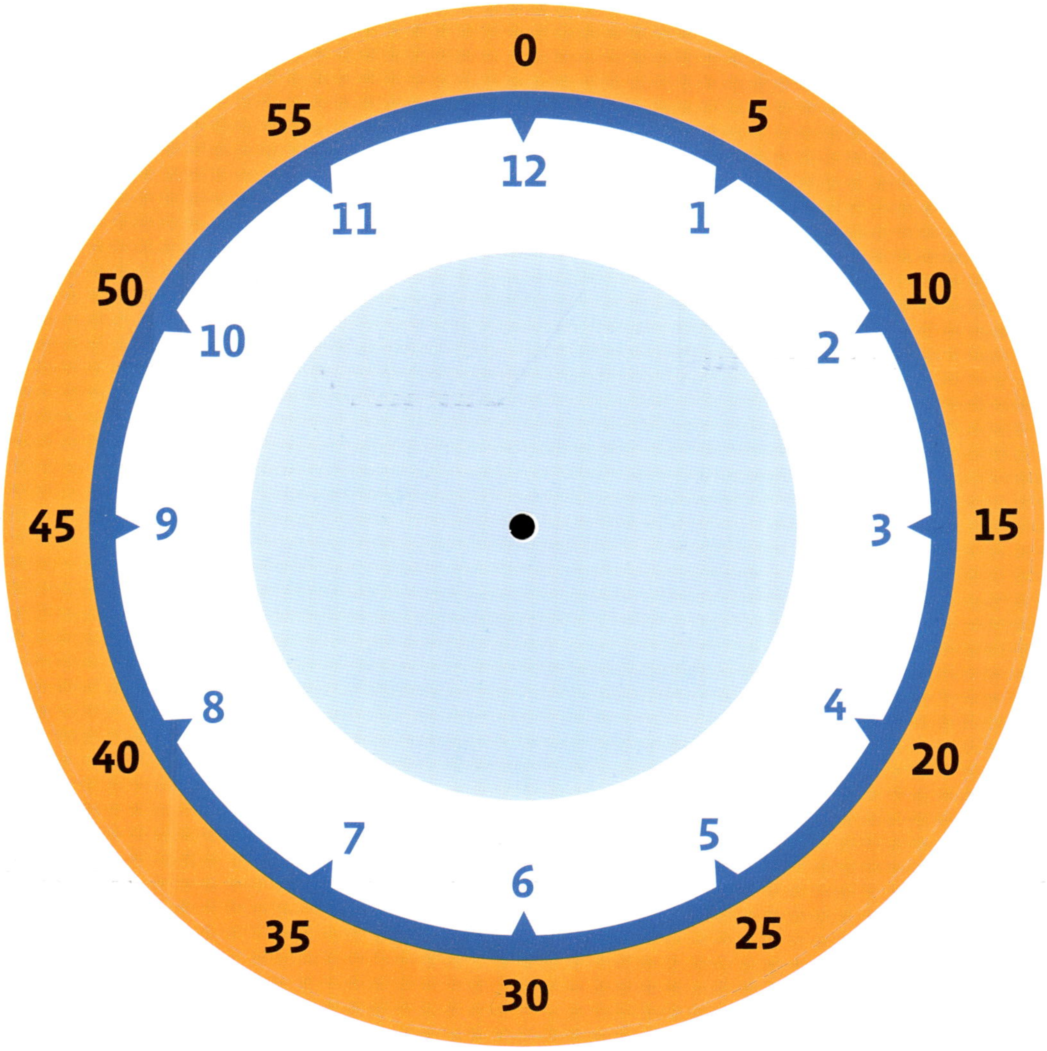

Le compteur

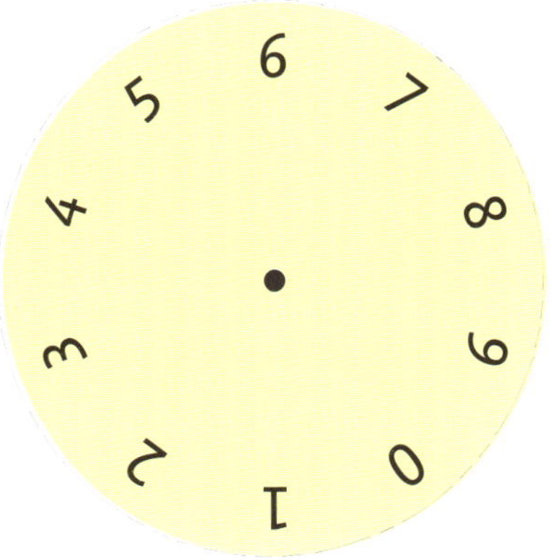

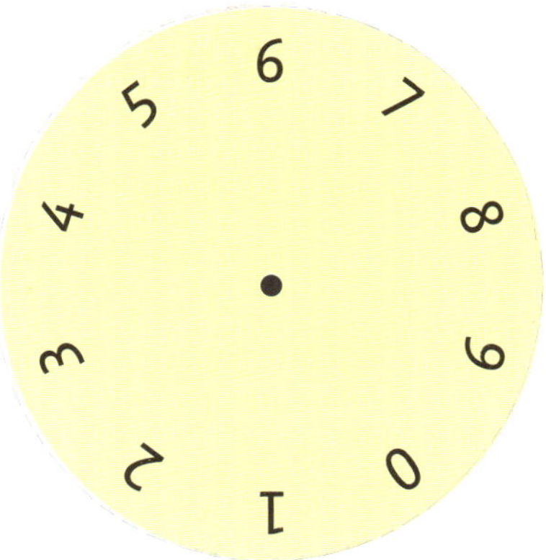

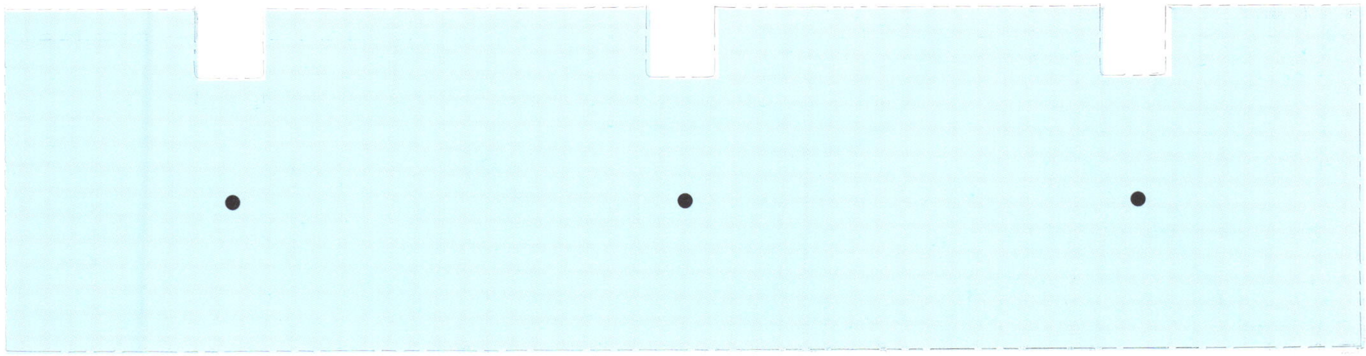

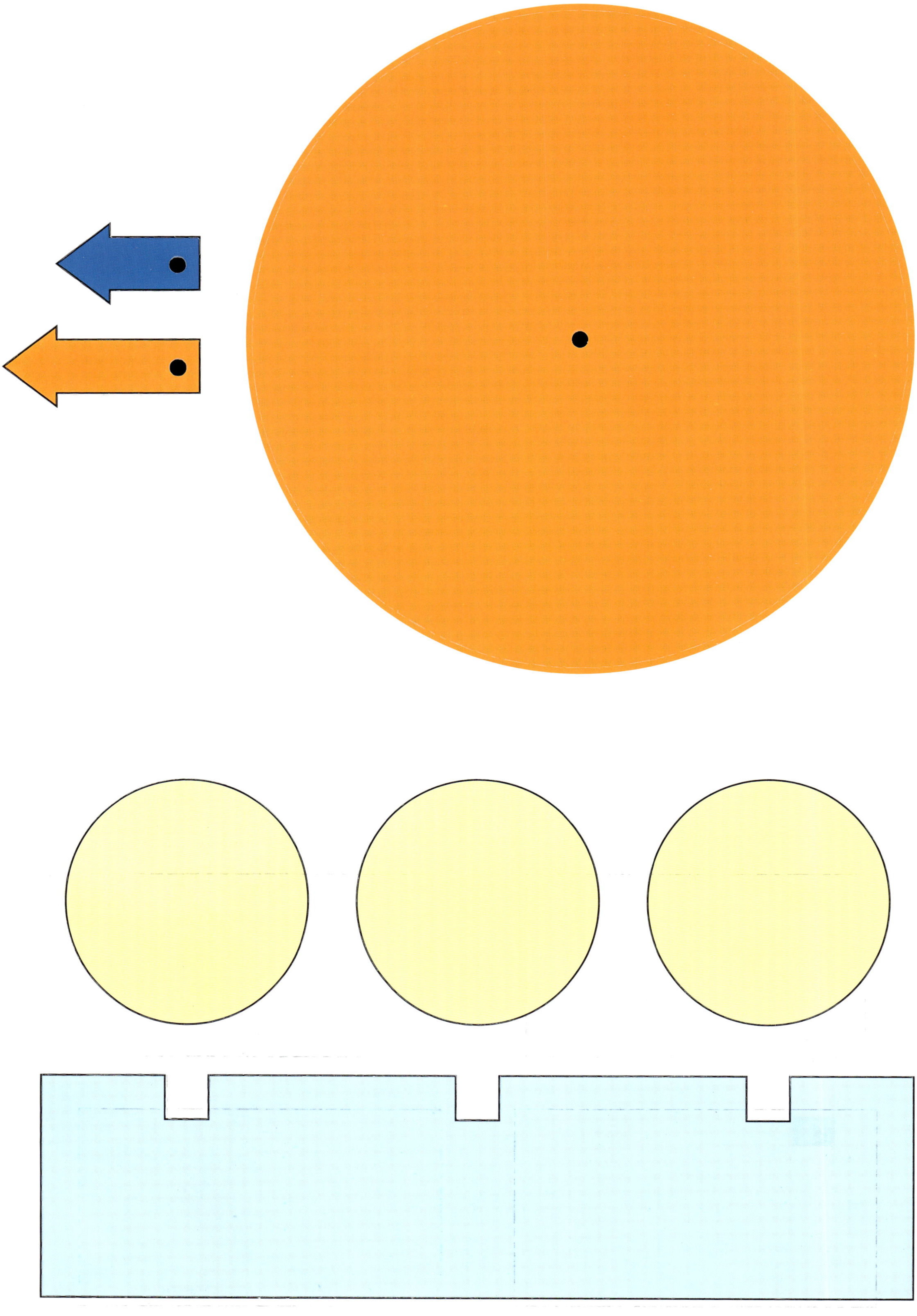

La monnaie (1)

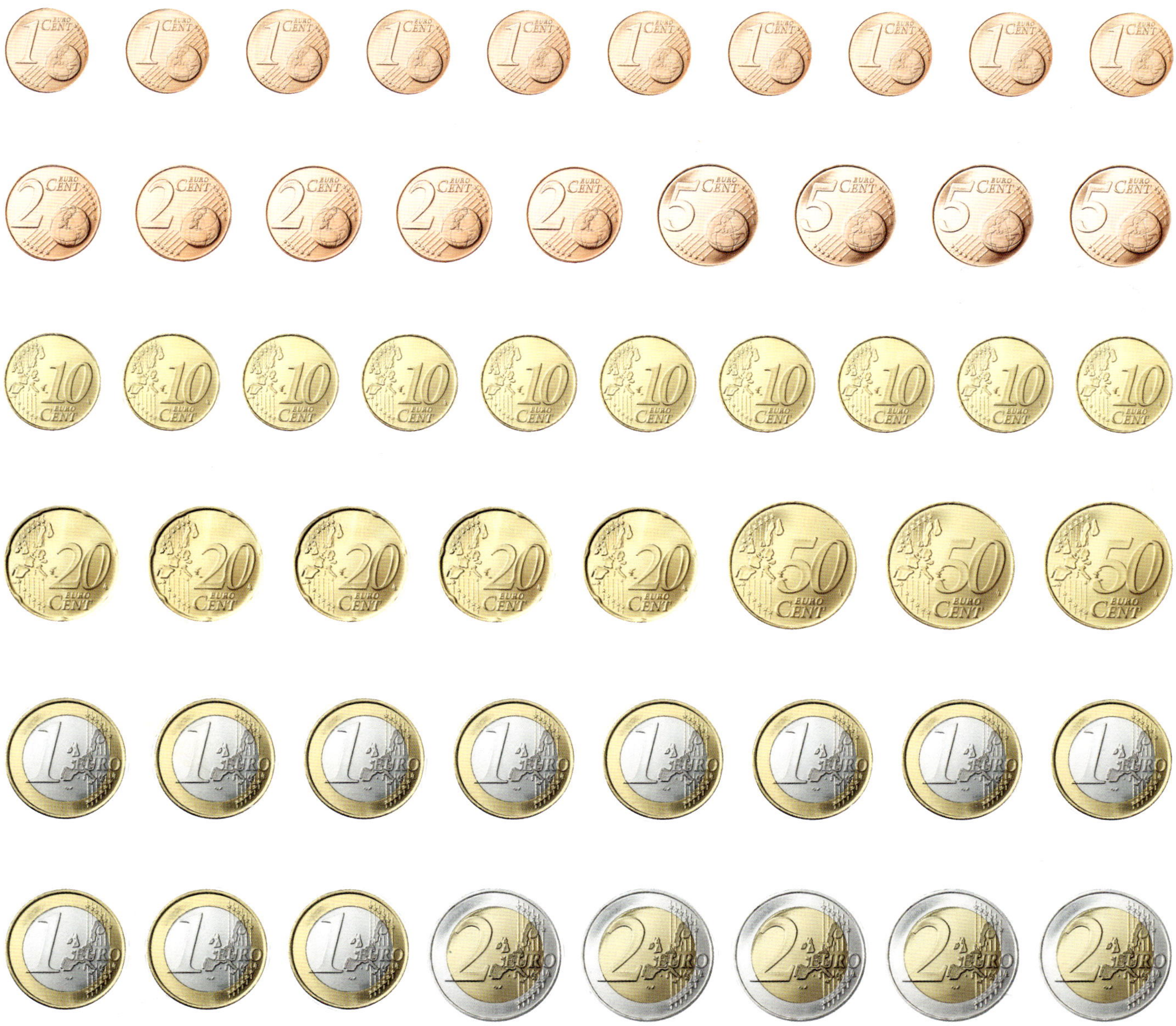

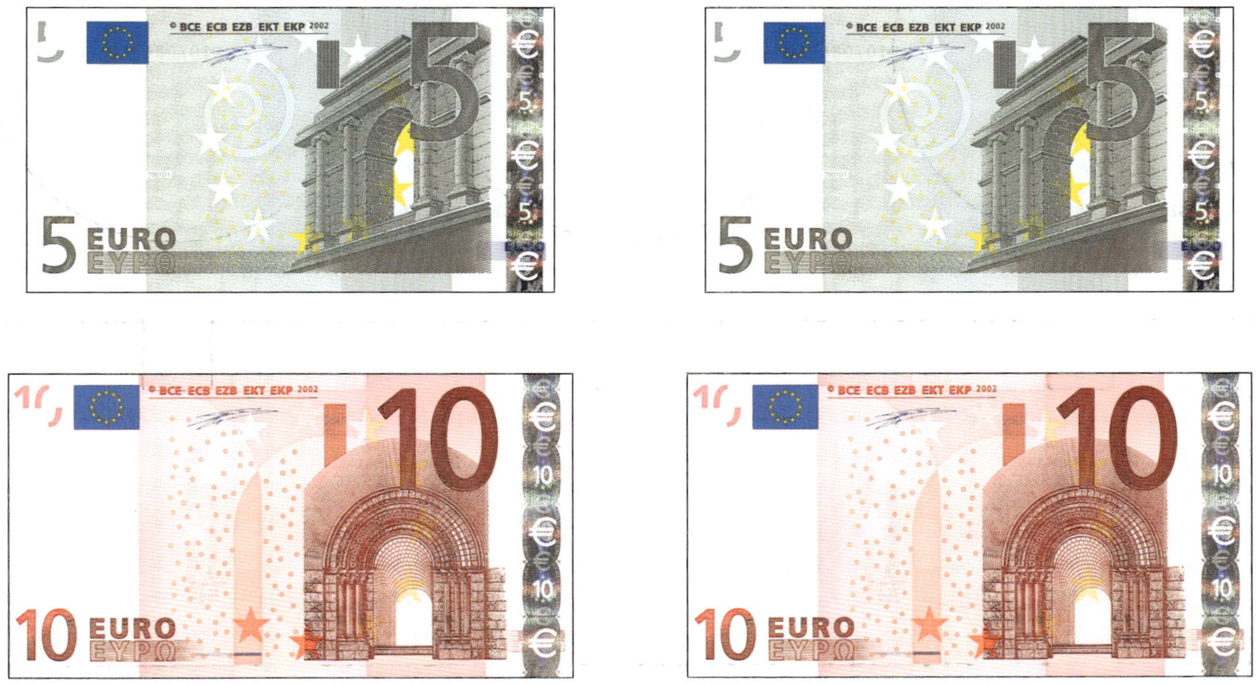
BCE ECB EZB EKT EKP 2002
5 EURO
EYPO
BCE ECB EZB EKT EKP 2002
10 EURO
EYPO

5
Z10708476264
Z10708476264
5 EURO
EURO 5

5
Z10708476264
Z10708476264
5 EURO
EURO 5

10
S00212913862
S00212913862
10 EURO
EURO 10

10
S00212913862
S00212913862
10 EURO
EURO 10

La monnaie (2)

BCE ECB EZB EKT EKP 2002
10
10 EURO

BCE ECB EZB EKT EKP 2002
10
10 EURO

BCE ECB EZB EKT EKP 2002
10
10 EURO

BCE ECB EZB EKT EKP 2002
20
20 EURO

BCE ECB EZB EKT EKP 2002
20
20 EURO

BCE ECB EZB EKT EKP 2002
50
50 EURO

BCE ECB EZB EKT EKP 2002
50
50 EURO

BCE ECB EZB EKT EKP 2002
100
100 EURO

BCE ECB EZB EKT EKP 2002
200
200 EURO

BCE ECB EZB EKT EKP 2002
500
500 EURO

10
S00212913862
S00212913862
10 EURO
EURO 10

10
S00212913862
S00212913862
10 EURO
EURO 10

20
Y00309901015
Y00309901015
20 EURO
EURO 20

10
S00212913862
S00212913862
10 EURO
EURO 10

50
V02387040034
V02387040034
50 EURO
50

20
Y00309901015
Y00309901015
20 EURO
EURO 20

100
L00105481787
L00105481787
100 EURO
100

50
V02387040034
V02387040034
50 EURO
50

500
S00630387745
S00630387745
500 EURO
500

200
P00641307178
P00641307178
200 EURO
200